改革开放以来上海市民荣誉制度的发展变迁研究

周光俊 著

上海社会科学院出版社

序

光俊新著《改革开放以来上海市民荣誉制度的发展变迁研究》付梓,作为光俊读博期间的导师,我甚感欣喜。这是光俊开辟的一个新的研究领域,也是一个值得关注和研究的领域。

本书是光俊承担的一个上海市哲社规划青年课题的研究成果。2018年光俊博士毕业,即申报了这个课题并获得了立项。从选题来看,本书聚焦上海市民荣誉制度,从上海改革开放后的实践出发,切入点较小。据我所知,国内同主题著作为数不多,而且绝大部分聚焦于国家荣誉制度。从理论来看,本书用国家发展动力理论对改革开放以来上海市民荣誉制度进行考察,有一定的新意。在内容上,本书从历时变迁、制度变迁、实践变迁、比较视野四个维度全面系统地考察了改革开放后上海市民荣誉制度的演进,并提出了上海市民荣誉制度的价值、制度和技术三重逻辑,从结构、组织、程序和导向四个维度分析了制约因素,并就如何更好地建构市民荣誉制度提出了自己的一些想法。

市民荣誉制度是国家荣誉制度的组成部分。在这方面,我国的做法繁杂多样、经验丰富、源远流长,如何将荣誉更方便、更可行、更有效地与国家治理相结合,是国家治理能力和智慧的体现。中国共产党成立以来,在革命、建设和改革的各个阶段都设置了相应的政党荣誉、政府荣誉、军队荣誉等,有效地提升了治理的针对性和有效性。近些年来,国家荣誉体系逐步得以完善,逐步走向成熟定型,为新时代的国家治理提供了有力的支撑。上海,作为国家建设和发展的前沿城市,其市民荣誉制度也发展较早,取得的成绩也较为明显,在上海的人民城市建设、城市治理等方面都起到了不可忽视的作用。

国家荣誉、市民荣誉关涉几乎每个人的社会生活。我们每个人的一生都在与各种各样的荣誉打交道。从幼儿园的"聪明宝宝"到大中小学的"三好学生",到工作单位的各种先进和劳动模范,再到党政军群团等各个组织的各种各样的荣誉,荣誉的或得或失伴随着我们的一生。某种意义上说,无论何种荣誉,都是在肯定功绩的基础上鼓励再创佳绩,并试图激励公众对标对表,争创先进。我相信,对于有志于了解改革开放以来上海市民荣誉制度发展变迁的学界同仁、实务界读者来说,或者说对于得过一些荣誉、试图获得一些荣誉的人而言,通过阅读本书,都会从中获得一些深入的了解和深切的感受。

本书只是对荣誉制度的一个初步研究,因此它存在一些不足也是在所难免的。比如,对于改革开放之初上海市民荣誉制度的挖掘不够,对于上海市民荣誉制度本身的上海特色讨论不深,等等。记得光俊申报这个课题时,上海正在开展《上海市民荣誉制度条例》的立法讨论,其后出于一些原因被搁置。但我想,随着社会发展的需要,上海市民荣誉制度的立法会重新走入人们的理论视野和实务视野,这也正是我们讨论这个问题的价值所在。

是为序。

桑玉成
复旦大学国际关系与公共事务学院教授
中国政治学会学术委员会副主任
上海市政治学会名誉会长
2024 年 7 月

前　言

2019年9月29日，中华人民共和国国家勋章和国家荣誉称号颁授仪式在北京人民大会堂金色大厅隆重举行，授予于敏等8人共和国勋章，授予劳尔·卡斯特罗·鲁斯等6人友谊勋章，授予叶培建等28人国家荣誉称号。此次颁授仪式在中华人民共和国成立70周年之际举行，以共和国的名义隆重表彰为新中国建设和发展做出杰出贡献的功勋模范人物，弘扬民族精神和时代精神。这是党的十八大以来，我国在基本建成成熟定型的国家荣誉制度的情况下，对社会先进一次较大规模的表彰，在全社会引起了较大的反响。

国家荣誉制度古已有之。作为国家政治制度的重要组成部分，国家荣誉制度的历史可以追溯到国家的产生。即使是在传说时代，中国的国家荣誉制度体系就已经开始萌芽。封建社会以降，历代王朝就建立了以旌表、加官晋爵、赐姓等制度为代表的一整套荣誉制度。以旌表为例，在中国古代它是一种政治褒奖行为、一种高尚的荣誉，它体现了封建统治者实施教化的执政思想，是儒家思想对民众渗透的结果。中国的旌表制度一直是国家荣誉制度的重要组成部分，并得到了持续的发展，只是在程朱理学之后走向了极端，逐渐失去了其原有的价值与功效。

中国共产党成立以来，因战争的需要而设置了一些颇具特色的荣誉称号和奖章，比如苏维埃时期的"红星奖章"、抗战时期的"民兵模范"、解放战争时期的"人民功臣"等。中华人民共和国成立以来，国家长期处于生产驱动型阶段，为保持生产力的活跃，提升发展力、创新力和持续力，国家荣誉制度发挥了一定助推作用。进入建章立制时期的党和政府，设立和颁授了许多的奖章，但主要是以军事类为主，突出体现为军官衔级、"八一勋章（和奖章）""独立自由勋章（和奖章）""解放勋章（和奖章）"等。这一时期，劳动模范、先进团体等生产类和政治类荣誉称号也相应诞生。然而，"文化大革命"使得荣誉制度建设陷入了停滞。改革开放以后，国家荣誉制度建设进入正轨，在恢复一些中断多年的荣誉制度的基础上，如军官授衔等，又新设立了一些适应时代发展需要的荣誉，如新长征突击手奖章等。

进入21世纪，中国逐渐进入发展驱动型国家阶段，并迈向创新驱动型国家阶段，国家发展以全面均衡可持续作为诉求，经济高质量发展、资源合理分配、治理体系和治理能力现代化等建设目标共同维持着增长与发展的有效互动。党的十七大报告提出"设立国家荣誉制度，表彰有杰出贡献的文化工作者"，虽然主要提倡在文化艺术领域，但却是党的代表大会报告中首次提及这一问题，为抓紧研究建立国家荣誉制度，研究论证政府奖励制度框架等工作提出了整体性思考。正是在这一背景下，在国家层面强调建设荣誉制度体系是必要的，也是必需的。党的十八大以来，以习近平同志为核心的党中央高度重视功勋荣誉表彰工作，荣誉制度建设获得了较快的发展，一定程度上解决了国家荣誉制度发展中的相关问题，逐渐建立了中国特色功勋荣誉表彰体系。根据中共中央印发的《关于建立健全党和国家功勋荣誉表彰制度的意见》，全国人大常委会通过了《中华人民共和国国家勋章和国家荣誉称号法》，明确规定，全国人民代表大会常务委员会决定授予国家勋章和国家荣誉称号，中华人民共和国主席根据全国人民代表大会常务委员会的决定，向国家勋章和国家荣誉称号获得者授予国家勋章、国家荣誉称号奖章，签发证书。这是根据宪法中全国人民代表大会常务委员会和国家主席共同行使荣典权的制度规定来设立的下位法，显然，这是典型意义上的荣典权的制度规定和实践范围。党和国家功勋荣誉表彰工作委员会制定了《中国共产党党内功勋荣誉表彰条例》《国家功勋荣誉表彰条例》《军队功勋荣誉表彰条例》，分别由中共中央、中华人民共和国、中央军委颁授七一勋章、共和国勋章和友谊勋章、八一勋章，这标志着我国形成了统一、规范、权威的功勋荣誉表彰制度体系。由此，党中央构建了"1＋1＋3"的党和国家功勋荣誉表彰制度体系，即，党中央制定一个指导性文件，全国人大常委会制定一部法律，有关方面分别制定党内、国家、军队3个功勋荣誉表彰条例。

国家荣誉的统一化、制度化、法律化、规范化进程不断完善，国家荣誉制度逐渐成熟定型。国家荣誉制度内在的价值规定性和外在的实践规定性构成了荣誉制度建设的理论逻辑，表现在价值逻辑、制度逻辑和技术逻辑的有机统一。作为国家政治制度的重要组成部分，在推进国家治理现代化的进程中，国家荣誉制度是国家治理体系的重要组成部分，是国家治理的重要技术手段和工具选择，与政治发展相适应，与国家的定位、国家自身发展需要同频共振。在强调制度发展和实践推进的过程中，国家荣誉制度需要解决其结构矛盾、过程矛盾，注重荣誉价值的差异化，明确各类荣誉的固有定位与边界，探索荣誉制度分类分级体系，探索荣誉制度的退出机制，使之更好地与国家治理现代化相适应、相匹配、相衔接，推进国家治理体系成熟定型，推动国家治理能力现代化。

具体到上海，首先，国家荣誉及其制度的完善对上海市民荣誉及其制度的发展完善提出了新的要求。国家荣誉的统一化、制度化、法律化、规范化是国家层面的价值塑造、制度架构和技术治理，上海市民荣誉制度作为国家荣誉制度在地方的实践，需要上海市民荣誉制度以国家荣誉制度为蓝本，完善国家荣誉制度的在地化，同时，上海市民荣誉制度的发展完善能够为国家荣誉制度的发展完善提供地方化的经验，更好地促进国家荣誉制度的成熟定型。其次，上海城市发展的定位等对市民荣誉制度的发展有新的要求。在全球化风潮席卷之下，诸多国际都市正逐渐崛起，成为国家发展的核心引擎，逐渐成为"国家发展动力引领城市"。改革开放以来，上海城市能级和核心竞争力得以不断提升，不仅是国家发展的驱动器，更是对外开放的辐射中心，逐渐向着国家发展动力引领城市迈进。上海市第十一次党代会报告指出，要践行社会主义核心价值观，深入推进公民道德建设，提升市民文明素质和城市文明程度。随着上海建设卓越的全球城市，努力成为新时代的排头兵和先行者，基本建成四个中心和社会主义现代化国际大都市等目标的推进，上海的市民荣誉制度建设也要彰显上海的历史底蕴和文化内涵，体现城市精神，增强上海的人文魅力，从而能够全面提升城市的吸引力、创造力和竞争力。以荣誉制度为代表的城市精神凸显一个城市的内涵特质，是城市的魂和根，上海海纳百川、追求卓越、开明睿智、大气谦和的城市精神，是城市的文化软实力，能够为城市发展提供思想引领、精神力量和人文滋养。最后，上海市民荣誉及其制度发展本身的内在要求促使上海市民荣誉制度不断完善。在人大立法实践中，市十四届人大代表朱鸿召等 27 位代表提出，目前上海市荣誉评选散见于很多部门，荣誉制度条块化、碎片化，需要在制度梳理、顶层设计的基础上，制定《上海市民荣誉制度条例》，实现市民荣誉制度的系统集成，这将有利于培育和践行社会主义核心价值观，有利于激发和引导市民群众追求真善美、弘扬正能量。可以认为，上海市民荣誉制度已有的实践经验的积累、上海市委市政府的相关报告决策对市民荣誉制度发展的要求，以及上海城市发展的需求等为上海市民荣誉制度的研究提供了经验材料，给出了理论指导，拓展了实践需要。

与上海城市发展相契合是上海市民荣誉制度发展变迁最重要的特色，这就是上海市民荣誉制度对城市发展的动力支撑。借助于国家发展动力理论，城市稳健快速的发展离不开发展动力的持续发力，这些发展动力来自多个方面，比如区域经济的稳定增长、科技创新的持续推进、社会治理的不断提升，等等，共同推动着国家的进步，为城市发展提供了强有力的支撑。国家（城市）发展动力是一种基于生产力和生产关系的矛盾运动所形成的，确保国家存续、促进国家发展、增强国家实力的推动力量。它包括存续性动力和驱动性动力两种，这两种力量相互耦合，形成了一条高效运转的动力链。在这个动力链中，存续性动力由持续力和活跃力构成，驱动性动力由生产力、发展力和创新力构成，"五力"均衡发展，实现了国家（城市）稳健快速的发展。市民荣誉作为推动创新发展和社会进步的重要元素，为国家（城市）发展动力的作用发挥提供了关键价值引领，它不仅是对个人或团体的最高认可，更是对他们的激励和鼓舞。

上海打造国家（城市）发展动力引领城市，不仅是要在经济发展上独领风骚，更是要以其独特的城市魅力向全球展示中国的实力和影响力。本书以改革开放以来上海市民荣誉制度的发展变迁为研究对象，借助国家（城市）发展动力理论分析上海城市发展过程中市民荣誉的价值引领、动力支持，探索荣誉制度背后的价值建构与认同政治。本书力图全面系统地掌握改革开放后上海市民荣誉制度的发展历程和价值建构，以探索市民荣誉制度背后的政治象征意义、国家认同建构、精神文明建设、治理现代化和城市精神建设的内涵，通过比较研究和个案分析，从共时性与历时性比较的角度讨论市民荣誉制度建设，分析有代表性的上海市民荣誉制度和上海城市发展动力中市民荣誉的作用发挥。通过了解市民荣誉称号在城市精神创建、个体生活发展、社会治理创新等方面的作用与影响，从上海市的城市精神、城市定位和创新治理出发，探索上海市如何更好地建构市民荣誉制度，如何更好地塑造与国家（城市）发展动力相一致的市民荣誉制度，如何更好地发挥其在城市精神创建、个体生活发展、社会治理创新等方面的作用与影响，为城市创新驱动发展提供强大的价值引领和动力支持，最终实现城市与国家的长治久安和稳健快速发展。

目 录

序 …………………………………………………………………… 1
前言 …………………………………………………………………… 1

第一章 相关概念与理论脉络 …………………………………… 1
 第一节 相关概念：荣誉、荣誉权与荣誉制度 …………………… 1
 第二节 理论脉络：作为国家（城市）发展动力的荣誉 ………… 22

第二章 历史沿革：改革开放以来上海市民荣誉制度的发展变迁 …… 29
 第一节 历时变迁：改革开放以来上海市民荣誉制度的发展阶段 …… 29
 第二节 制度变迁：规划中的上海市民荣誉制度 ………………… 37
 第三节 实践变迁：实践中的上海市民荣誉制度 ………………… 52

第三章 比较视野：改革开放以来其他省区市市民荣誉制度与上海的比较
…………………………………………………………………… 86
 第一节 改革开放以来其他省区市市民荣誉制度的发展 ………… 86
 第二节 上海市民荣誉制度的发展特点 …………………………… 99

第四章 变迁逻辑：改革开放以来上海市民荣誉制度发展变迁的三重逻辑
…………………………………………………………………… 108
 第一节 价值逻辑：荣誉制度是政治认同的重要纽带 …………… 109

第二节　制度逻辑：荣誉制度是政治制度的重要组成 …………… 114
　　第三节　技术逻辑：荣誉制度是国家治理的重要工具 …………… 118

第五章　问题导向：改革开放以来上海市民荣誉制度发展变迁的制约因素
　　…………………………………………………………………………… 123
　　第一节　结构制约：条块分割 …………………………………………… 124
　　第二节　组织制约：缺乏管理统一性 …………………………………… 127
　　第三节　程序制约：流程缺乏标准化 …………………………………… 130
　　第四节　导向制约："赢者通吃"、工具化倾向与职权化异变 ………… 133

第六章　未来探索：全面推进上海市民荣誉的制度化 ………………… 136
　　第一节　明确各类市民荣誉的固有定位与边界 ………………………… 137
　　第二节　探索市民荣誉制度的退出机制 ………………………………… 139
　　第三节　探索制定《上海市民荣誉制度条例》 ………………………… 140
　　第四节　确保荣誉制度的长期性、稳定性、一般性 …………………… 145

结论　塑造与国家（城市）发展动力相一致的市民荣誉制度 ………… 150

附录　与上海市民荣誉制度相关的重要法律法规文件 ………………… 155

后记 ……………………………………………………………………………… 190

第一章 相关概念与理论脉络

荣誉作为国家和社会积极的道德评价,对于个体或团体的品德、行为、贡献等给予了肯定和赞扬。荣誉制度是国家治理体系的重要组成部分,是国家治理的重要技术手段和工具选择,通过给予符合一定标准或条件的团体或个人以荣誉待遇和奖励,引导和激励人们积极履行社会责任,发挥社会主体的积极性和创造性,推动社会的进步和发展。上海市民荣誉不仅是对市民品德、行为、贡献的肯定和赞扬,更是对社会主义核心价值观、政治认同、社会治理、城市精神等多方面的价值引领和推动发展,对于维护社会公正、增强市民认同感、促进社会文明进步、弘扬和完善城市精神等都具有重要的意义。上海市民荣誉制度的发展,经历了从无到有、从单一到多元、从零散到系统的过程。随着上海城市能级和核心竞争力的不断提升,市民荣誉制度也逐渐成熟定型,成为上海城市精神文明建设和治理现代化的重要支撑。

第一节 相关概念:荣誉、荣誉权与荣誉制度

同志们,朋友们:

今天,在全国各族人民共同庆祝中华人民共和国成立70周年之际,我们在这里隆重举行仪式,将国家最高荣誉授予为国家建设和发展建立了卓越功勋的杰出人士和为促进中外交流合作作出杰出贡献的国际友人。

首先，我代表党中央、全国人大、国务院和中央军委，向今天获得"共和国勋章"和国家荣誉称号的英雄模范、获得"友谊勋章"的国际友人，表示热烈的祝贺！致以崇高的敬意！

今天受表彰的国家勋章和国家荣誉称号获得者，是千千万万为党和人民事业作出贡献的杰出人士的代表。他们身上生动体现了中华民族精神和社会主义核心价值观，他们的事迹和贡献将永远写在共和国史册上！

崇尚英雄才会产生英雄，争做英雄才能英雄辈出。党和国家历来高度重视对英雄模范的表彰。今天我们以最高规格褒奖英雄模范，就是要弘扬他们身上展现的忠诚、执着、朴实的鲜明品格。

——忠诚，就是英雄模范们都对党和人民事业矢志不渝、百折不挠，坚守一心为民的理想信念，坚守为中国人民谋幸福、为中华民族谋复兴的初心使命，用一生的努力谱写了感天动地的英雄壮歌。

——执着，就是英雄模范们都在党和人民最需要的地方冲锋陷阵、顽强拼搏，几十年如一日埋头苦干，为国为民奉献的志向坚定不移，对事业的坚守无怨无悔，为民族复兴拼搏奋斗的赤子之心始终不改。

——朴实，就是英雄模范们都在平凡的工作岗位上忘我工作、无私奉献，不计个人得失，舍小家顾大家，具有功成不必在我、功成必定有我的崇高精神，其中很多同志都是做隐姓埋名人、干惊天动地事的典型，展现了一种伟大的无我境界。

英雄模范们用行动再次证明，伟大出自平凡，平凡造就伟大。只要有坚定的理想信念、不懈的奋斗精神，脚踏实地把每件平凡的事做好，一切平凡的人都可以获得不平凡的人生，一切平凡的工作都可以创造不平凡的成就。

希望受到表彰的同志珍惜荣誉、再接再厉，用坚定的信仰、信念、信心影响更多的人。各级党委和政府要关心、关怀、关爱英雄模范，推动全社会敬仰英雄、学习英雄，用实际行动为实现"两个一百年"奋斗目标、实现中华民族伟大复兴的中国梦贡献力量。

同志们、朋友们！

今天，受到表彰的还有长期给予我们支持和帮助的中国人民的老朋友、好朋友。我们衷心感谢他们对中国发展作出的贡献！中国人民愿同世界各国人民一道，推动构建人类命运共同体，让我们这个星球越来越美好。

同志们、朋友们！

一切伟大成就都是接续奋斗的结果，一切伟大事业都需要在继往开来中推进。新时代必将是大有可为的时代。全党全国各族人民要像英雄模范那样坚守、像英雄模范那样奋斗，共同谱写新时代人民共和国的壮丽凯歌！

谢谢大家！①

上面摘录的是习近平总书记在2019年9月举行的国家勋章和国家荣誉称号颁授仪式上的讲话，从讲话中可以看出，荣誉制度有三个重要立足点。一是，荣誉是一种政治象征。"崇尚英雄才会产生英雄，争做英雄才能英雄辈出。党和国家历来高度重视对英雄模范的表彰。今天我们以最高规格褒奖英雄模范，就是要弘扬他们身上展现的忠诚、执着、朴实的鲜明品格"，这一概括正是说明了荣誉是一种激励和精神文明品格的体现，体现在一个个个体身上。二是，荣誉是一种权力，也是一种权利。说它是一种权力，因为作为权力的一种，荣典权是一种来自党和国家的认可，"将国家最高荣誉授予为国家建设和发展建立了卓越功勋的杰出人士和为促进中外交流合作作出杰出贡献的国际友人"，正是表明了荣誉的颁授不是可有可无的，也不是随时随地的行为，而应该是权力安排的产物。说它是一种权利，因为作为权利的荣誉是任何个体都可以去争取和努力的，并非高不可及的，"崇尚英雄才会产生英雄，争做英雄才能英雄辈出"，因而，"只要有坚定的理想

---

① 习近平：《在国家勋章和国家荣誉称号颁授仪式上的讲话》，http://www.xinhuanet.com/politics/leaders/2019-09/29/c_1125056990.htm，2019年9月29日。

信念、不懈的奋斗精神,脚踏实地把每件平凡的事做好,一切平凡的人都可以获得不平凡的人生,一切平凡的工作都可以创造不平凡的成就"。三是,荣誉是一种制度性的实践。因此,荣誉制度更需要与国家的发展需要和民族的未来相联系,集中体现在倡导"忠诚、执着、朴实的鲜明品格";倡导"英雄模范们都对党和人民事业矢志不渝、百折不挠,坚守一心为民的理想信念,坚守为中国人民谋幸福、为中华民族谋复兴的初心使命,用一生的努力谱写了感天动地的英雄壮歌";倡导"英雄模范们都在党和人民最需要的地方冲锋陷阵、顽强拼搏,几十年如一日埋头苦干,为国为民奉献的志向坚定不移,对事业的坚守无怨无悔,为民族复兴拼搏奋斗的赤子之心始终不改";倡导"英雄模范们都在平凡的工作岗位上忘我工作、无私奉献,不计个人得失,舍小家顾大家,具有功成不必在我、功成必定有我的崇高精神,其中很多同志都是做隐姓埋名人、干惊天动地事的典型,展现了一种伟大的无我境界"。

一、作为政治象征的荣誉

荣誉是以党和国家的名义,由国家或者有关组织依据既定程序,对杰出的贡献者作出的一种认可与评价[①]。作为一种政治象征的荣誉,体现的是国家意志,传承的是主流价值。作为意义与载体的统一体,荣誉强调政治属性和象征载体,任何荣誉既是表达意义的载体,也通过载体表达出特定的政治意义。从这一意义来说,荣誉是一种政治象征,"从某种意义上讲,精神领域的权力构建是通过政治象征完成的……浓缩了人们政治情感的政治象征赋予了权力合法性,使其由冰冷的强制转变为柔性的信仰力量,并着力使其为权力说话,赋予合法性因素,从而完成了精神领域的权力建构,由权力转变成权威。"[②]在这里,有必要说明的是,一方面,作为政治象征,荣誉是一种表达意义的载体;另一方面,作为荣誉,它本身就是集意义与载体于一身的。

---

① 郭根:《国家荣誉制度建设的时代诉求、逻辑遵循与实践超越》,《学术论坛》2017 年第 5 期。
② 刘淼、金林南:《权力实践与政治象征》,《重庆社会科学》2014 年第 3 期。

也正是因为如此,作为政治象征的荣誉是政治属性与象征载体的统一。

(一) 作为政治象征的荣誉的特征

1. 传承性与创新性的结合

荣誉传承与创新的结合是历史文化传统与现实政治需要共同作用的结果。作为一种传承至今的政治象征,荣誉是承继历史的产物,它在继承中发展,保持稳定的同时又有变化。作为历经数代的象征符号,政权为了争取人心,塑造历史的承续,不得不继承某些荣誉;但同时,为了标榜自身与过去的不同,增加认知与区别,又不得不创新出某些荣誉。然而,要明确的是,荣誉的持续并不代表功能的持续,同样的荣誉在不同的环境下可以表达不同的权力意涵;荣誉的创新并不代表权力的变迁,新的荣誉可以表达固有的政治权力。由此可以认为,传承性是荣誉的历史性规定,创新性是荣誉的时代性规定,对于荣誉而言,要能够持续,就必须在历史承继的基础上不断适应时代发展的变迁。

2. 塑造永久性和持续性影响

荣誉的存在是为了提供共同的历史记忆,传承共同的政治价值,塑造政治合法性。因此,荣誉的塑造不可能只是为了一时的需要,而是为了提供永久性和持续性的影响。要力求达到这样的影响,荣誉"感兴趣的是人们对过去知道和记得些什么,如何记得,又为什么要记得,以及人们如何解释过去并和现在联接在一起"[1],同时,又要指明过去、现在与未来的关系。纵观国内国外,大凡有影响力的荣誉,都反映了国家民族的历史信息与现实状况,并且能够对未来有所指导和预期,这样的荣誉能够让民众记住历史、了解现在、憧憬未来。对于任何国家而言,荣誉的塑造不可能只是权宜之计,终究是为了表达和塑造一种永久性和持续性的影响,其核心内涵在于,荣誉所传承和接续的是一种共同遵循的价值观,它是在长期的历史中形成的,又是被

---

[1] [加] 西佛曼、格里福:《走进历史田野:历史人类学的爱尔兰史个案研究》,贾士蘅译,麦田出版股份有限公司1999年版,第28页。

现实实践所认可的,因而势必是能够长期存续的。只有连接过去、现在、未来并且承载着共同价值观念的荣誉才能让民众记得住。

3. 共通性与差异性的结合

共通性与差异性的结合,指的是荣誉都表达一定的政治权力和政治意志,无论什么样的荣誉,都是权力和意志的产物,但具体到不同的荣誉,所表达的权力意涵和意志特性却存在差异,即使是同一个荣誉,在不同的国家和不同的时期所表达的权力意涵和意志特性又是不同的。共通性体现在荣誉塑造的出发点和归宿上,即政权塑造荣誉的目的是表达一定的政治权力和意志特性,力图塑造自身政权的合法性和影响力;差异性体现在不同荣誉所表达的含义不同,同一荣誉在不同时期和地区的含义有别。这就是说,荣誉可以表达某一特定的政治含义,也可以表达多个政治含义。究竟是表达单一的政治含义,还是表达多样的政治含义,要视荣誉本身的含义和当时的语境而定。荣誉的共通性会使得某些荣誉是重复的,甚至在设置上是不合理的,显得不必要的;而荣誉的差异性又会造成荣誉的种类繁多,荣誉的权威性大打折扣。因而,对于荣誉作为政治象征的共通性与差异性结合的特征而言,如何规避和最小化其潜在的风险,保持荣誉的权威性、神圣性、务实性等,是其衍生而来的一个重要的议题。

4. 神圣性与务实性的结合

荣誉既有其神圣性,有其难以揣摩,甚至玄幻的一面,也有其务实性,能够让人们理解它的存在,了解它所表达的权力和意志。神圣性与务实性的结合,是荣誉既要表达权力,又要保持神秘的双重因素所导致的。荣誉既不能一眼被看穿,也不能猜不着摸不透,要在难以揣摩和清晰表达之间保持一个平衡,让民众对荣誉背后的权力既懂也不懂,既不懂也懂,既不能完全看得懂,也不能完全看不懂。如果完全看不懂就失去了塑造荣誉的初衷,如果完全看得懂就没有必要塑造荣誉了。现实生活中的荣誉是荣誉勋章、称号的结合,也是精神奖励与物质奖励的结合,因而,是容易被体认的。正因如此,荣誉往往被视为务实的。然而,一个比较容易忽视的问题是,荣誉并不仅仅是奖励某个人或某个群体的所作所为,更多的其实是奖励事件背后所代表的意义和价值观。当我们报道某个学生拾金不昧的新闻时,当我们关注某个大学生扎根边疆服务基层的新闻时,当我们关心官兵雪天为国戍边的新闻时,我们其实更多的是关心新闻事件背后所代表的价值观。正是因为这样的新闻事件与其背后所体现的价值观的结合,才使得荣誉承载了它的神圣性与务实性。

(二) 作为政治象征的荣誉的功能

1. 表达性功能

荣誉的表达性功能指的是政治权力与政治意志通过荣誉得以表达,也是政权与民众通过荣誉进行沟通后所产生的效果。通过荣誉,政权与民众得以对话,权力成功将触角延伸至底层,将国家的意识形态与价值观念灌输至每一个民众。权力与意志需要表达,只有让民众知晓权力与意志来自何处,才能使得权力与意志运转有力,表达有序。如果权力与意志只是摆设,那么权力与意志就毫无意义。荣誉是权力内化于心外化于物的符号,通过荣誉,权力与意志得以用直抵内心的方式灌输给每一个人,让民众"看得见"权力,敬畏权力,敬重意志。"政治象征就是确立和强化权威最好的载体,换言之,权威只有透过政治象征才能'看到'。通过政治仪式的重复演练,权威不断获得再现、重申与强化,有关权力和权威的观念深刻地嵌入大众的日常生活中,人们心里都清楚国家和组织中'权在何处,政出何方'。"[1]在这里,作为一种政治象征的荣誉需要通过一定的程序与仪式让民众知晓,融入政治社会生活之中,让民众了解其背后的国家权力与意志。

2. 沟通性功能

荣誉本质上是政权意图向民众表达意识形态与价值观念的手段,提供作为整体的"我们"与作为"他者"的国家之间的对话空间,是实现权力意愿过程的动员手段。国家与民众进行沟通互动以表明政治的合法性,寻求政治认同。这种政治沟通功能是通过群体内部的一致性来实现与国家的沟通

---

[1] 刘淼、金林南:《权力实践与政治象征》,《重庆社会科学》2014年第3期。

的,也就是说,"政治群体通过象征策略表达的政治观念、情感、态度和价值——政治文化,让成员认识到自我本身以及所属群体的利益和价值,从而使群体和成员在特定的政治框架中取得一致性立场和采取一致性行动"①。只有群体内部实现了一致性,才有可能实现作为整体的"我们"与作为"他者"的国家的交流。这种"我们"与"他者"的区分不是绝对意义上的,而是功能意义上的,即国家不可能与每一个个体进行交流沟通,它互动的对象只能是具有一致性立场和行动的"我们"。可以看到,作为一种奖项的荣誉是一种肯定性认可与积极性评价,它是直接与群体先进发生联系的,由群体先进作为"我们"的代表与国家进行沟通,反映我们的心声,传达国家的意志。

3. 政治社会化功能

政治社会化是在潜移默化中产生的,灌输和教育是有效的政治教化手段。荣誉的政治社会化功能对传播国家价值观和政治意识形态,塑造本国公民的政治文化,形成文化认同,提供集体记忆,体现共同价值观,实现权力与象征资本的互动等方面发挥着重要的作用。作为政治社会化的重要载体,荣誉能够"获得社会群体的普遍认可和理解,并在这些社会群体开展的特定活动中出现时,某些特定的事物才具有相应的象征意义,以致成为人们传递信息和表达观念的符号载体"②。更为重要的是,依托荣誉进行的政治社会化代价是最小的,因为荣誉是情感的作品,多以精神性奖励为主,通过荣誉可以直接将国家的意识形态和价值观念投射到个人的内心,并使之认可和接受,从而有效实现权力实践。荣誉的实践以国家的名义实施教化与规训,倡导全社会遵循国家设立的道德标准,使得民众认可与接受国家的权力与意志,这就是国家的政治社会化。

4. 代际传承功能

朝代更替、政权更迭,人们总是希望能够留下为后人所记住的、有社会影响力的作品。代际传承是以集体记忆的形式存在的,某个荣誉被承续显

---

① 马敏:《政治象征/符号的文化功能浅析》,《华南师范大学学报(社会科学版)》2007年第4期。
② 瞿明安:《论象征的基本特征》,《民族研究》2007年第5期。

然不可能是单个人的记忆,只有依靠集体的记忆,将象征贯穿于集体的每一个人的记忆之中,才能使得荣誉被记住。集体记忆"是关于一个集体过去全部认识(实物的、实践的、知识的、情感的等)的总和,人们可以在文化实践活动(比如仪式、风俗、纪念、节日等)或物质形式的实在(比如博物馆、纪念碑、文献图书资料等)中找到集体记忆的存在,人们总是在我群体与他群体的互动中找到集体记忆的力量所在。"①一个较为典型的案例是,在革命战争年代,中国共产党的一些较为有特色的荣誉称号和奖章,如"民兵模范""人民功臣"等,在中华人民共和国成立以后仍然被创新性地继承。这不仅是对历史的尊重,更是对作为一种记忆的党与人民群众鱼水情的真实表达的认可。

二、作为权力与权利的荣誉权

荣誉既是一种权力,也是一种权利。权力是就荣誉的授予而言的,体现了荣誉的权威性;权利是就荣誉的获得而言的,体现了荣誉的可及性。

(一) 作为权力的荣誉权

如果把荣誉分为概括性的与阐发性的,那么,概括性的荣誉"是概括了,展现了,或再现了系统所意味着的东西","概括性荣誉的重要运作方式……是它的汇聚能力,是它吸引、增强和催化对响应者影响的能力。"②也就是说,概括性的荣誉对政治权力的解释是不能够被清晰界定的,它们的内涵与外延是看似被限定在解释框架之内,实际上却是难以明确而具体说明的。因此,概括性的荣誉对政治权力的解释是模糊而粗糙的,其关键在于可以借助其模糊的形象发挥可能的想象,因此对政治权力的规制能力较弱。阐发性的荣誉则借助于"根本的隐喻"与"关键的脚本",使得荣誉的"意义和内容是

---

① 汪新建、艾娟:《心理学视域的集体记忆研究》,《南京师大学报(社会科学版)》2009年第3期。
② [美]谢丽·B.奥特纳:《关键的象征》,载史宗主编:《20世纪西方宗教人类学文选》,金泽等译,上海三联书店1995年版,第204、209页。

相对明确的，秩序化的，有所区别的，并可以清晰地讲述出来的"。① 也就是说，阐发性的荣誉是可以清晰解释的，阐发性荣誉对政治权力的解释是被限定在某个解释框架中的，其解释是具体而明确的。因此，阐发性荣誉更能使得表达出的政治权力准确无误，不会超越界限，符合其所要表达权力特定的内涵与外延。

1. 荣誉表达政治权力的三个分析层次

荣誉表达政治权力的三个分析层次是可能性、有效性与可持续性。可能性指的是荣誉表达政治权力是可能的，并不否认荣誉"是一座有效的权威工厂，源源不断地生产出权力，以及对权力的忠诚和信仰"②，是连接现实领域权力与精神领域权力的桥梁和纽带。然而，在现实政治领域，是否需要荣誉来表达政治权力应该是荣誉的首要考虑。某些政治权力是显而易见的，明确而清晰的，无须借助于荣誉进行表达，如公检法的政治权力。某些政治权力不借助于荣誉是难以明确知晓的，如国家主权。有效性指的是政治权力通过荣誉予以表达是最为有效率且成本最低的。政治权力的表达方式不外乎强制与非强制，强制性手段包括法律、暴力机关、军事力量等，通过直接作用于强制对象以确保权力的运行有序。非强制性手段主要是通过荣誉进行精神领域的教育与灌输，这种方式是间接的，通过将权力转化为荣誉，再通过荣誉进行意识形态与价值观念教育，就使得民众在心理上能够渐渐认同，潜移默化中接受权力的制约。可持续性指的是荣誉表达政治权力是可持续的，影响是长久的。荣誉表达的是意识形态和价值观念，通过日常生活、政治仪式、学校教育等不断地灌输，从而最直接渗透和嵌入民众的内心，将意识形态与价值观念以长期稳定的方式表达出来，而荣誉的稳定亦在侧

---

① "根本的隐喻"与"关键的脚本"是阐发性政治象征的两个方面，前者指的是观念上的阐释力，即象征提供了一套范畴，使得经验概念化，现象之间概念化；后者指的是行动上的阐释能力，将政治象征所意喻的手段与目的相连，既表达了恰当的追求目标，又提出了实现这些目标的有效行为。具体可参见［美］谢丽·B.奥特纳：《关键的象征》，载史宗主编：《20世纪西方宗教人类学文选》，金泽等译，上海三联书店1995年版，第205—209页。

② 王海洲：《政治仪式的权力策略——基于象征理论与实践的政治学分析》，《浙江社会科学》2009年第7期。

面证明意识形态与价值观念的长期稳定。

2. 荣誉表达政治权力的三个实践层次

荣誉表达政治权力的三个实践层次是浅层次、中层次和深层次。浅层次指的是荣誉表达的政治权力都是显性的、表面上的，可以是不成文的惯例，也可以是成文的法律法规等。深层次指的是荣誉植根于内心，需要结合想象、知识等进行一定的推理才能够了解其表达的意义，政治权力通过荣誉的作用合法化，无形中让民众感知权力的存在，在心里形成对权力的认可，是隐性的表达，具有嵌入性与渗透性的特征。中层次介于浅层次与深层次之间，也就是介于显性与隐性之间，即在神圣性与务实性之间，既要让民众懂荣誉的符号意义，又不能过于明确无误地昭示。

3. 荣誉的夸大解释与过多问题

政治权力有效塑造荣誉，集中在对荣誉本身的数量多少和意义表达上，意在解决权力表达中荣誉的夸大解释与象征过多问题。夸大解释是荣誉在表达政治权力时故意夸大，随意变更，无中生有。"当象征符号的某种表现形式与某一种特定的观念意识和心理状态相关联时，它就可能被人们赋予相似或相关的象征意义，而当这种象征符号的另外一种表现形式与其他的观念意识和心理状态相关联时，人们又可能对其赋予别的象征意义。"[1]荣誉象征过多则是指同一权力塑造的荣誉重复且没有意义。同一权力塑造的荣誉可以是单一的，也可以是多样化的，却不能是重复的，否则只会淡化荣誉的意义。因此，政治权力对荣誉的规制要求，既不能对荣誉夸大解释，也不能使同一权力塑造的荣誉重复且没有意义。在荣誉的塑造过程中，要保持一定的度，确保荣誉有效表达政治权力，政治权力有效塑造荣誉。作为合法性的载体，荣誉"指导着我们的行为，规劝着我们记住一些东西又忘掉另一些东西，日复一日地从我们的所作所为中营造着我们个人的经历"[2]。

---

[1] 瞿明安：《论象征的基本特征》，《民族研究》2007年第5期。
[2] ［俄］谢·卡拉-穆尔扎：《论意识操纵（下）》，徐昌翰等译，社会科学文献出版社2004年版，第629页。

(二) 作为权利的荣誉权

《中华人民共和国民法典》第一百一十条规定:"自然人享有生命权、身体权、健康权、姓名权、肖像权、名誉权、荣誉权、隐私权、婚姻自主权等权利。"第一百八十五条规定:"侵害英雄烈士等的姓名、肖像、名誉、荣誉,损害社会公共利益的,应当承担民事责任。"在第九百九十条中,规定了荣誉权是人格权的一种,并通过第一千零二十四条至一千零三十一条明确规定了名誉权和荣誉权。从这一法律来看,作为一项权利的荣誉权是公民和法人所享有的。荣誉上升为权利,是立法者有意识的安排,而不是对现实固有权利的确认[1]。然而,在大多数学者看来,荣誉权面临着人格权与身份权的性质之争[2],因而荣誉权不具有独立性。实际上,荣誉权既非人格权或身份权,也不存在所谓其兼有人格权和身份权的双重属性。荣誉权根本就不能为人身权所包容,因而其也就不应作为一种独立的民事权利存在[3]。从理论上来看,荣誉作为来源于特定组织的社会评价,无论从其评价来源、评价内容、评价形式还是评价产生途径来看,仅属于名誉的特殊形式。因此荣誉权不具有独立性,应将荣誉纳入名誉权调整范畴[4]。在理论层面,所谓的"荣誉权"与传统民法权利体系并不相融,其独立地位不具有体系逻辑上的正当性。在实践层面,荣誉利益的被侵害或被救济应当依凭荣誉之类型化诉诸符合法理逻辑的多种法域保障机制。因此,无论是从理论还是实践来说,荣誉权都不具有独立性[5]。更有观点认为,"获得荣誉"不应当成为一种人格利益,并不存在一种独立的荣誉物质利益关系,荣誉这种"评价性利益"并不具有独立存在的价值,因此应废止荣誉权的相关法律规定[6]。上述"荣誉权"的研究是从法律视角进行讨论的,从政治学的角度来看,无论荣誉能否作为一项

---

[1] 欧世龙、尹琴容:《荣誉权之否定》,《社科纵横》2004年第6期。
[2] 王歌雅:《荣誉权的价值阐释与规制思考》,《环球法律评论》2013年第3期。
[3] 唐启光:《荣誉权质疑》,《华东政法学院学报》2004年第2期。
[4] 杨波:《荣誉权独立性检讨——以荣誉权立法漏洞为考察进路》,《西部法学评论》2012年第5期。
[5] 姚明斌:《褪去民法权利的外衣——"荣誉权"三思》,《中国政法大学学报》2009年第6期。
[6] 满洪杰:《荣誉权作为独立人格利益之质疑——基于案例的实证分析》,《法商研究》2012年第5期。

权利,或者是否应该被视为一项权利,荣誉本身应该是精神层面的、可救济的。这一观点对于市民荣誉制度的颁授机制、退出机制、救济机制等有着重要的借鉴意义。

三、作为政治制度的荣誉制度

荣誉制度旨在表彰和嘉奖为了国家和社会做出突出贡献的杰出人士,在我国,党、国家、军队及其组成部门,其规定授权的第三方向个人和组织颁授相关荣誉称号、勋章、奖章。作为一种制度的存在,它有着特定的含义和功能,是国家政治制度的重要组成部分。如果按照英语的读法,国家荣誉制度一般可以有三种解释:一是国家的荣誉制度,即 National Honors System,强调的是国家层面的荣誉制度;二是国家荣誉的制度,即 System of National Honors,强调的是制度,而且是国家荣誉这一领域的制度;三是荣誉的国家制度,即 National System of Honors,强调是国家制度,而且是荣誉这一领域的国家制度。其实,这三种读法都大体上是一个意思,所不同的只是英文翻译有所差别。查阅党的十七大报告和十八大报告的英文版,国家荣誉制度被翻译为 National System of Honors,意在强调在国家层面建构的关于荣誉的制度体系。这与当时荣誉制度不够成熟和定型的状况有关,国家层面亦试图通过立法推进国家荣誉制度的成熟定型。

如同国家的经济制度、社会体制等,荣誉制度是政治制度的重要组成部分,是中国特色社会主义制度的重要组成部分,是政治正当性、稳定性和正统性的象征[1]。作为政治制度的重要组成部分,成熟定型的荣誉制度应该是能够实现其价值逻辑的,通过制度的外在规定性实现其内在的价值预设,如此,就需要荣誉制度趋向于成熟定型。任何时代的荣誉制度建设都有其固有的时代诉求和逻辑遵循[2],具体表现为荣誉制度发展演变的脉络是与国家发展需要相适应的,是与国家的定位同频共振的。从国家的角度来看,荣誉

---

[1] 张树华、潘晨光、祝伟伟:《关于中国建立国家功勋荣誉制度的思考》,《政治学研究》2010 年第 3 期。
[2] 郭根:《国家荣誉制度建设的时代诉求、逻辑遵循与实践超越》,《学术论坛》2017 年第 5 期。

制度是实现其价值逻辑的重要载体,国家发展需要与时代相适应的国家精神,荣誉制度就是国家精神的集中体现,能够彰显出国家的历史底蕴、文化魅力和内涵特质,提升国家的吸引力、创造力和竞争力。从权力的角度来看,荣誉制度表达了与荣誉有关的权力触角,要求国家在政治发展中设立荣誉,表达国家意志,缔造国家精神。因而,荣誉制度的发展有其固有的政治逻辑,是体现在国家政治发展中的。从公民的角度来看,荣誉制度所创造的荣誉感是一种关于国家与公民关系的价值同构,是一种嵌入于公民身份与公共生活的生成性道德[1],在国家政治发展中,荣誉制度需要创造条件实现这种生成性道德,提升公民文明素质和公民文明程度,更好地为政治发展服务。也就是说,荣誉制度政治认同功能的实现是通过强化荣誉制度的桥梁纽带地位,建构一种公民的荣誉感、归属感和获得感,以此建构公民的政治认同。

(一) 国家荣誉制度是国家合法性的确定、强化和再生产

国家荣誉承载着国家意志,是国家权力与意志的表达。国家试图通过颁授国家荣誉,同建同构道德共识[2],获得公民对国家意志的认可,进而宣示与强化国家的合法性。国家荣誉制度塑造的"英模群体承载着国家的主流政治理念和价值取向,通过各种媒介走向广大民众,担负起增强民众对置身其中的政治制度的认同感、提高政治系统内部的凝聚力,从而维护国家与社会稳定、巩固政权合法性的重任。"[3]从这个意义上来说,国家荣誉制度是国家合法性的确定、强化和再生产。可以认为,在国家荣誉及其制度建构过程中,输入的是党和国家的意识形态、社会发展的需求、历史传承的经验等,输出的是承载着政治合法性的国家荣誉及其制度,事实上形成了一个循环往复的再生机制,如此不断往复,持续更新。国家荣誉及其制度既是一种规范性的合法性表达方式,也是一种事实上的合法性表达形式,是一种价值与事

---

[1] 李兰芬:《国家认同视域下的公民道德建设》,《中国社会科学》2014年第12期。
[2] 赵爱玲:《凝聚与重建道德共识:中国特色社会主义伦理文化建设的一种思维路向》,《学校党建与思想教育》2016年第11期。
[3] 赖静萍:《当代中国英模塑造现象探源》,《东南大学学报(哲学社会科学版)》2011年第5期。

实一体化的表现。也就是说,国家荣誉成为了合法性的外在表现形式,但同时,国家荣誉不仅承载了国家荣誉的价值理念,也在事实上成为了合法性可以汲取的资源,是合法性再生产的重要来源。

(二) 国家荣誉制度确认公民对现有制度体系的价值与程序认同

认同是一种"积极的认知评价、情感体验和行为承诺"[1],对国家的认同首先是公民在现有制度之下对自我身份的认同和确认,"现代国家认同是个体在接受、参与并分享国家制度体系过程中所形成的对国家制度体系及其决定的自我身份(公民身份)的认同。"[2]国家荣誉及其制度强化了公民对自我身份的认知与同意,对国家荣誉的追求进一步凸显了公民对现有制度体系价值与程序的确认。国家荣誉制度的政治认同功能是基于一种身份上的认可与价值上的肯定,"其本质是国家层面通过制度创设、修复、调适和创新,倡导、塑造社会主流价值观"[3],也就是说,是为了更好地完善和发展中国特色社会主义制度,培育和弘扬社会主义核心价值观,增强中国特色社会主义事业的凝聚力和感召力。在这里,荣誉制度是一种"连接国家与公民的政治纽带,一方面强化公民与国家之间的政治归属,促成政治认同与进行社会动员;另一方面则代表国家对公民进行教化与规训,经由英模塑造达成特定国家目标。"[4]

(三) 国家荣誉制度的建构是一种"政治检阅"和总结

国家荣誉及其制度旨在培育和弘扬社会主义核心价值观,增强中国特色社会主义事业的凝聚力和感召力,发挥精神引领、典型示范作用。在政治认同的基础上,国家荣誉制度以国家名义实施教化与规训,"荣誉法则规定同一社会认同的人应当做什么,从而限定了选择范围"[5],倡导全社会遵循国家设立

---

[1] 方文:《群体资格:社会认同事件的新路径》,《中国农业大学学报(社会科学版)》2008年第1期。
[2] 林尚立:《现代国家认同建构的政治逻辑》,《中国社会科学》2013年第8期。
[3] 郭根:《国家荣誉制度建设的时代诉求、逻辑遵循与实践超越》,《学术论坛》2017年第5期。
[4] 王理万:《国家荣誉制度及其宪法建构》,《现代法学》2015年第4期。
[5] [美]奎迈·安东尼·阿皮亚:《荣誉法则:道德革命是如何发生的》,苗华健译,中央编译出版社2011年版,第165页。

的道德标准,这就是国家的政治社会化,也因此推动了全社会形成见贤思齐、崇尚英雄、争做先锋的良好氛围。国家荣誉应该被视为一种资本,就是"不管属性怎样(无论哪种资本,有形的、经济的、文化的、社会的),这种属性被社会行动者感知类别如此之广,他们能感受它(领会它)、确认它并使之有效"[1],体认与承续。因而,在某种意义上,荣誉制度的建构可以认为是一种"政治检阅"和总结[2],是对政治社会化的总结,是对政治认同的检阅,甚至在某种程度上是一场道德革命[3],使得国家倡导的主流价值观能够获得民众的理解与支持。

四、市民荣誉制度

在讨论完荣誉、荣誉权和荣誉制度之后,本书的核心主题是市民荣誉制度,因而,需要准确界定何为市民、市民荣誉和市民荣誉制度。在理解市民荣誉制度的相关概念之前,有必要对国家荣誉制度相关概念进行解读。

(一)国家荣誉制度中的"国家""国家荣誉"

作为链接中央与地方、嫁接国家与社会的重要制度安排,国家荣誉制度呈现出多层次、复杂化、多样性的形态,源于国家荣誉的授予主体既有党中央、国务院、中央部委,也有群团组织、行业协会等[4],从而使得国家荣誉中的

---

[1] [法]皮埃尔·布尔迪厄:《实践理性——关于行为理论》,谭立德译,生活·读书·新知三联书店2007年版,第95—96页。

[2] 孙云:《1950年全国英模表彰大会的召开及意义》,《当代中国史研究》2013年第3期。

[3] [美]奎迈·安东尼·阿皮亚:《荣誉法则:道德革命是如何发生的》,苗华健译,中央编译出版社2011年版。

[4] 在这里,关于国家荣誉的概念界定存在着分歧。一是认为国家荣誉是国家最高荣誉,是依据宪法及相关法律,以国家名义对那些为国家和社会发展做出重大贡献的杰出人士给予的最高评价和最高等级的嘉奖;二是认为国家荣誉是包含了不同的层级和条块,是国家元首或其他法定授权机关通过一定的程序和仪式,以国家名义对为国家和社会做出突出贡献的优秀人士予以表彰或奖励并授予勋章、奖章、荣誉称号等,不仅应该包括种类繁多的中低层次奖励和部门间评比,更应该设立国家层面最高级的荣誉。具体可以参见:国晓光:《国家荣誉制度设立与国家认同建构》,《中国特色社会主义研究》2020年第2期;李涛:《国家荣誉制度构建研究的回顾与展望》,《中南民族大学学报(人文社会科学版)》2023年第7期;韩志明、李欣:《国家荣誉实践的结构、过程及其问题》,《东北师大学报(哲学社会科学版)》2016年第4期;张树华、潘晨光、祝伟伟:《关于中国建立国家功勋荣誉制度的思考》,《政治学研究》2010年第3期。

国家概念并不明晰，呈现出高度总体性的特征。如果结合国家荣誉奖项的复杂性、多样化，可以将国家从两个不同层面进行分析，"一个层面是关注全体的、统一维度的国家——强调其整体性——这点在观念中可以体现出来；另一层面的分析方式是对这种整体性的解构，它更偏好于相互检视互相强化的、矛盾的实践以及各个不同部分之间的联合。"[1] 国家荣誉是链接中央与地方、嫁接国家与社会的基础，多层次、复杂化、多样性的国家荣誉使得国家的概念呈现高度总体性，体现在国家是整个共同体的称谓、中央政府的别称、中央某一部门或行业协会的代称、中国共产党的通约等四重结构面向，是一种典型的总体性国家（见表1.1）。总体性国家的生成是观念上的整体性、统一性与不同情境、不同领域的碎片化实践共同作用的产物，因而总体性国家既是具体的、历史的，也是抽象的、意识形态化的。源于复杂化的国家概念是通过具体的政治社会生活实践呈现给我们的，源于一定的政治社会生活实践呈现出的不同的国家则是实践背后的道德化观念与结构性现象。

表1.1　　国家荣誉中总体性国家的四重结构面向[2]

层面	类型	结构面向	关系结构	背后理念	颁授主体	典型案例	备注
作为整体的国家	国家最高荣誉	整个共同体的称谓	个体-共同体	道德革命	中华人民共和国	共和国勋章/友谊勋章/国家荣誉称号	以中华人民共和国主席的名义授予

---

[1] ［美］乔尔·S.米格代尔：《社会中的国家：国家与社会如何相互改变与相互构成》，李杨、郭一聪译，江苏人民出版社2022年版，第26页。

[2] 有学者把省级（含）以下颁发的荣誉视为国家荣誉，认为国家荣誉应该是一个多层次多层级的有机体系，其构成从种类上说应该包括国家最高荣誉、地区性国家荣誉、行业系统性国家荣誉，层级上分类应当包括国家级、省部级、地市级、区县级、乡镇级（可以参见江国华、陈先郡：《〈中华人民共和国国家勋章和国家荣誉称号法〉立法得失之探讨》，《湖湘论坛》2017年第1期）。不过，即使地方是国家的代理人，由于地方的差异巨大，除了国家层面设立的荣誉几乎会原封不动地体现在地方的荣誉体系之外，地方会创设种类繁多的荣誉，数量远远超过国家层面创设的荣誉，但重要性却相差甚远。因而如果把地方上的荣誉都视为国家荣誉，与国家荣誉创设的初衷不符、与日常的观感不符、与国家荣誉发展的导向不符。

续　表

层面	类型	结构面向	关系结构	背后理念	颁授主体	典型案例	备注
作为整体的国家	国家级荣誉	中央政府的别称	中央-地方	国家的对内主权性	党中央、国务院、全国人大、全国政协、中央军委	全国先进工作者、七一勋章、八一勋章、人民满意的公务员	以中共中央、国务院等名义授予
作为部分的国家	中央部门性的荣誉	作为某一部门或行业协会的代称	部门-整体	部门利益与全方位性	教育部、共青团中央等	中国青年五四奖章	以中组部、教育部等部门名义授予
	党单独或联合的荣誉	中国共产党的通约	政党-政权	党的行政化与国家化	党中央、中组部等	全国劳动模范	单独或与政府机构联合授予

1. 国家作为整个共同体的称谓

共同体的国家概念约束了国家荣誉,使之作为国家最高荣誉存在,是以国之名、以国礼待国家功臣。作为共同体的国家概念将国家作为最重要的整体性存在,对于普通民众而言,在某种意义上国家是难以名状的、难以明确所指的宏观存在。要想将作为实体存在的国家可视化、可感化,就需要通过一定的日常生活实践来完成。作为共同体的国家明确了国家最高荣誉存在的合理性,它区别于部分的国家,呈现出的是一个整体的国家形象,将国家作为了共同的生存实体、共同的信仰源泉。以国家的整体名义颁发荣誉,亦同时将国家最高荣誉界定为国家主席荣典权的重要内容。在这里,国家主席是作为共同体的国家的代表而存在的,由国家主席来颁授荣誉,以国家主席的名义签发证书,体现了国家主席作为共同体团结的形象,意味着国家勋章和国家荣誉称号是以国家共同体的名义表彰的,具有最高优先性。《中华人民共和国国家勋章和国家荣誉称号法》明确规定,国家勋章和国家荣誉称号为国家最高荣誉,由全国人大常委会决定授予,并由国家主席以国家主席授勋令或主席令的形式向国家勋章和国家荣誉称号获得者授予国家勋章、国家荣誉称号奖章,并签发证书。这就意味着,国家主席的荣典权体现在国家最高荣誉中,国家最高荣誉指的就是国家勋章和国家荣誉称号。例如,在钟南山获得共和国勋章之际,北京大学官方微信公众号使用的标题是"国家最高荣誉!北大校友钟南山获'共和国勋章'",表明了国家最高荣誉强调以国之名,要以国礼待国家功臣,体现出国家最高荣誉的最高优先性。

2. 国家作为中央政府的别称

中央化的国家是最能体现国家概念的。在一般的认知中,中央是权威的代名词,中央政府集中反映了政党和国家意志的存在,中央政府在很大程度上等同于国家,凸显了对内的最高主权性。有必要说明的是,中央政府的概念应该是大政府的理念,包含了党中央、国务院、全国人大、全国政协、中央军委等[①]。对中央化的国家概念进行考察可以发现,中央化的国家荣誉突出体现在它的国家级特征,强调的是荣誉的等级和权威。如在人民满意的公务员评选表彰中,中共益阳市委政法委员会的官方微信公众号"益阳政法"直接使用了标题"【政法喜报】国家级荣誉!李狮被授予'人民满意的公务员'称号"。在国家荣誉的实践中,中央化的国家概念有一个突出的现象值得关注,即同一荣誉的不同授予主体,表明中央化的国家概念存在着分殊与歧义。共和国勋章等国家最高荣誉不会加盖任何公章,仅以主席令的形式、以国家主席的名义予以公布和表彰,彰显了共和国勋章等荣誉的最高性和权威性。从荣誉的标识性和辨识度来看,仅次于国家最高荣誉的就是以中央化的国家予以评选表彰的国家荣誉,即以党中央、国务院、全国人大、全国政协、中央军委等名义予以评选表彰的荣誉。

3. 国家作为中央某一部门或行业协会的代称

现代国家的基本发展趋势是专门化,专业化的发展导致了不同职业、不

---

① 2017年3月5日,王岐山在参加北京代表团审议时提到了如下观点。"在中国历史传统中,'政府'历来是广义的,承担着无限责任。党的机关、人大机关、行政机关、政协机关以及法院和检察院,在广大群众眼里都是政府。"参见《王岐山:构建党统一领导的反腐败体制 提高执政能力完善治理体系》,《人民日报》2017年3月6日第4版。

同群体和不同部门之间的壁垒日渐凸显,权力日渐部门化,利益日渐部门化,这样的趋势使得对国家概念的认知不再是整体,而是部分。普通民众对国家的认知往往局限于与之打交道的部门,虽然在民众看来,某个部门或者有关部门并不是国家,但对部门的认知约束了民众对国家的认知,民众难以从整体的面貌去看待国家,只能从一隅去窥探国家,从而形成了部门化的国家认知。这一特征决定了国家荣誉中的国家具有了典型的部分化或部门化特征。从中组部等党的部门到教育部等政府部门,从中央军委政治工作部等军事部门到中华全国总工会等非政府组织,都是从一个侧面或者部分展示了国家的面貌,国家成为了部门化的存在,部门成为了国家的具体实在与具体化身。部门化的国家是职业化、专门化、专业化所导致的,自然也存在着利益部门化、权力部门化等各自为政的弊端,但不可否认的是,现代国家的成长不得不依赖于职业化、专门化、专业化。不过,部门的政策发布、命令实施、荣誉颁授却并非以部门或者部分的名义,而往往贯穿着国家的整体意识,颁发的荣誉一般都冠以中国或者全国的字样,如时代楷模、全国优秀教师、中国青年五四奖章、有突出贡献的中青年专家等,这些荣誉自然被视为国家(级)荣誉。共青团东莞理工学院委员会官方微信公众号曾发布文章,直接使用标题"点赞!这些暑期'三下乡'社会实践团队和个人获得国家级、省级表彰",在这篇文章中,全国"三下乡"社会实践活动优秀个人被直接定性为国家级个人奖。

4. 国家作为中国共产党的通约

无论是对政党中心主义的解读还是对党政体制的理解,都意在说明共产党在中国政治生活中的地位、作用与影响力,体现的是党的行政化与国家化[1]态势,以及全方位性全覆盖性的特征。在国家荣誉中,存在着一类特殊的类别,即党的荣誉,或由党和政府共同颁授的荣誉。党的荣誉是指以党的名义单独颁授的国家荣誉,如全国优秀共产党员是以中共中央的名义(个别时候是中组部的名义)颁授的。党和政府共同颁授的荣誉是指党、政府、中

---

[1] 项飚:《普通人的"国家"理论》,《开放时代》2010 年第 10 期。

央军委等多个部门联合颁授的荣誉,如全国劳动模范是以中共中央、国务院的名义联合颁授的(个别时候是国务院的单独名义);"全国抗击新冠肺炎疫情先进个人"是以中共中央、国务院、中央军委的名义联合颁授的。在这里,有两个问题值得思考。一是,部分原由政府颁授的国家荣誉后改由党和政府联合颁授,国家从政府成为了党和政府。如2010年授予王少琳全国劳动模范的是国务院,而2015年授予裴忠富全国劳动模范的则是中共中央和国务院。全国劳动模范和全国先进工作者表彰大会每五年举行一次,2015年起颁授主体的增加表明这一荣誉是继1979年后再次对这一群体进行的最高规格表彰。二是,原先单独由党颁授的荣誉后改由党和政府联合颁授,国家从党变成了党和政府。如2022年4月,中共中央办公厅、国务院办公厅印发《关于做好全国"人民满意的公务员"和"人民满意的公务员集体"推荐评选工作的通知》,明确了2022年首次以中共中央、国务院名义开展人民满意的公务员和人民满意的公务员集体表彰。在此之前,"人民满意的公务员"是由中组部和中宣部联合颁授的。上述问题在一定程度上反映了党的集中统一领导的加强、党政关系的变迁、政党在政治生活中的地位日益凸显等特征,符合新时代的发展态势。

(二) 市民荣誉制度中的"市民""市民荣誉"

对国家荣誉制度中"国家"的理解能够帮助我们理解市民荣誉制度中"市民"的概念。市民荣誉制度中的"市民"与国家荣誉制度中的"国家"最大的不同在于,"国家"是国家荣誉制度的颁授主体,同时也表明了荣誉制度的层级,对应到市民荣誉制度中,应该为××省(市、区)荣誉制度。因而,市民荣誉制度中的"市民"不是荣誉制度的颁授主体,而是获得者,是荣誉制度的客体。这就意味着谁能获得荣誉才是市民荣誉制度最为关键性的问题。这里,市民指的是现代社会生活在城市中的居民的统称,因此我们有必要区分市民与户籍人口、外籍居民、常住人口等概念。区分这些概念的背景在于,对于上海这样一个国际化都市而言,本市户籍居民、其他省区市来沪人员与外籍居民共同组成了上海市的常住人口。市民可以被定义为生活在上海的所有居民,自然包括上海户籍居民、其他省区市来沪人员和外籍居民等多个类别。进一步而言,在讨论上海市民荣誉制度时,不可能只关注户籍人口、外来人口等某个特定类别,而应该将范围扩展到所有在上海生活的居民。当然,需要明晰的是,有些荣誉要求有上海居住年限的限制,这里应当理解为特定荣誉的特殊要求,并不违背市民的内涵。

如同国家荣誉不仅仅是国家最高荣誉,也包含了各条块的国家级荣誉一样,市民荣誉也应该是包罗万象的。在讨论上海市民荣誉时,正是因为上海市民来源的广泛性,也就产生了多样化的荣誉和不同的荣誉制度体系。此外,还应该考虑一种特殊情况,即上海援外省市/国家(地区)期间获得的荣誉,也应该被视为市民荣誉。不过,这一类别相对较少。整体来看,本书将上海市民荣誉制度分为四个方面,即国家荣誉及其制度在上海的实践,上海市民荣誉制度的上海实践,其他省区市表彰上海市民的荣誉,以及白玉兰纪念奖、白玉兰荣誉奖、荣誉市民等对外表彰这一特殊的类别。相关内涵与区别等将在第二章进行详细介绍。

本书讨论的是改革开放以来的上海市民荣誉制度。需要说明的是,这并不是说改革开放以前的上海不存在市民荣誉及其制度。事实上,中华人民共和国成立以来,国家和上海设立了为数不少的荣誉,建立了一定意义上的荣誉制度,有些荣誉一直延续至今,如劳动模范的评选和表彰。向更早的时间追溯,开埠之后的上海也设立了某些荣誉,建立了某些荣誉制度。当然,本书讨论的上海市民荣誉制度,旨在突出改革开放以后,随着经济、政治、社会等的全面发展,上海市民荣誉制度逐渐呈现出统一化、制度化、法律化、规范化的趋势。

第二节 理论脉络:作为国家(城市)发展动力的荣誉

"国家发展动力"理论以"发展"作为核心视角和战略取向,旨在构建新时代中国自主的知识体系。这一理论将"国家发展动力"定义为一种推动力量,它基于生产力与生产关系的矛盾运动,能够确保国家的存续,促进国家的发展,并增强国家的实力。这种推动力被分为两大类:存续性动力和驱动性动力[①]。存续性动力主要包括持续力和活跃力。持续力是指国家在长期发展过程中所具备的稳定性和持久性,它为国家的发展提供了基础和保障;活跃力则是指国家在面对各种挑战和机遇时所表现出的灵活性和适应性,它能够使国家更好地应对外部环境的变化。驱动性动力则包括生产力、发展力和创新力。生产力是指国家在经济发展方面所具备的能力,它为国家的发展提供了源源不断的动力;发展力是指国家在实现自身发展目标过程中的能力和实力,它能够推动国家不断向前发展;创新力则是指国家在创新方面的能力和实力,它能够为国家带来更多的机遇和发展空间。基于此,可以将国家划分为三种类型:"生产驱动型"国家、"发展驱动型"国家、"创新驱动型"国家,它们存在于国家发展的各个阶段,由此也就产生了"生产驱动型"荣誉、"发展驱动型"荣誉、"创新驱动型"荣誉。对于城市而言亦是如此。

一、"生产驱动型"国家(城市)、"发展驱动型"国家(城市)与"创新驱动型"国家(城市)

对于一个国家(城市)来说,要想实现稳健、快速的发展,就必须注重持续力、活跃力、生产力、发展力、创新力五个力的平衡与协调,充分发挥它们之间的相互作用和支持,形成强大的发展动力链,进而演变为国家(城市)发展动力,促进国家(城市)高质量发展,实现国家(城市)的快速稳健发展和可持续发展。这五个力始终处于动态变化过程中,它们之间相互影响、相互促进,形成了一个"发展动力链",动力链的和谐程度和运转效率影响了国家(城市)发展的水平,也直接影响国家(城市)的发展稳健程度与速度,成为决定国家(城市)发展水平的关键因素。它们之间的作用发挥与转化关系如图1.1所示。

---

① 复旦发展研究院:《中国国家发展动力报告》,https://fddi.fudan.edu.cn/b0/2d/c34529a438317/page.htm,2023年8月1日。

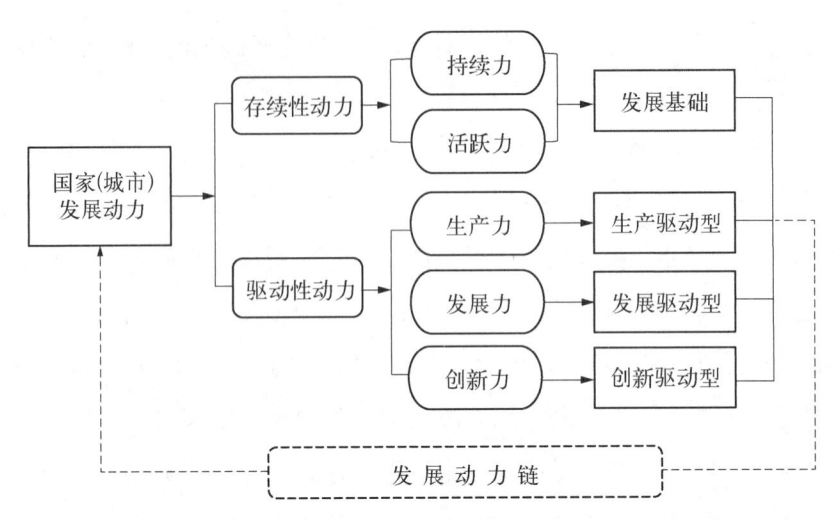

图 1.1　国家(城市)发展动力示意图

图表来源：作者自制

中国国家发展动力的演变经历了从生产驱动型到发展驱动型再到创新驱动型的转变。中华人民共和国成立以来，我国长期处于生产驱动型发展阶段，以生产力为核心，注重发展生产力提升综合国力，在应对社会主义初级阶段的社会主要矛盾中保持活跃力，积极协调不同发展动力之间的关系，发挥发展力、创新力的助推作用，在促进经济增长的同时维持社会稳定发展，不断巩固和提升持续力。在这个过程中，中国经历了翻天覆地的变化，生产力建设取得了长足进步，为经济的持续增长打下了坚实的基础。通过大力发展制造业、建筑业和加工业等产业，我国的工业体系逐渐完善，并成为全球最大的制造业中心之一。而随着农村改革的深入推进，农业生产力也得到了解放，粮食产量大幅增加。同时，农村产业结构也得到了调整，新型农业经营主体和服务体系逐渐形成，进一步提高了农业的效益和竞争力。在经济的转型升级中，服务业逐渐成为中国经济增长的重要引擎。其中，信息技术、金融保险、旅游等领域的发展尤为迅速，为中国的经济注入了新的活力。可以说，从中华人民共和国成立到20世纪90年代末，中国的生产力建设取得了显著成就，通过改革创新、扩大开放和转型升级等措施的实施，中国的经济实力得到了大幅提升，为经济高速发展奠定了坚实的基础。

21世纪以来,中国逐渐进入发展驱动型国家和创新驱动型国家阶段,实现全面、均衡、可持续发展成为国家发展的诉求。在经济高速发展的同时,我国继续实施改革开放政策,扩大对外开放,大力发展制造业和高新技术产业,推动经济高质量发展。此外,政府更加注重加强农业和基础设施建设,提高经济发展的质量和效益,并积极推进收入分配改革和社会保障体系建设,努力缩小贫富差距,解决社会不平等现象,以便全面建成小康社会。在此过程中,可持续发展理念逐渐深入人心,经济发展与环境保护协调发展成为经济发展过程中不断重申的题中应有之义。中国政府通过不断加强法治建设、深化行政体制改革、推进民主化进程等,使得政府效率和公共服务水平不断提升,在治理体系和治理能力现代化方面取得了长足进展,维持了增长与发展的有效互动。目前的中国正在国内外舞台扮演日益重要的角色,而创新驱动型发展则是世界强国发展的必然选择。面对日益严峻的国际竞争形势,中国建设创新驱动型国家的紧迫性不言而喻,充分发挥好持续性动力和驱动性动力的耦合作用,给城市和国家发展提出了更高的要求。

随着国家和城市发展阶段的演进,国家荣誉和市民荣誉也在不断发展和完善。从"生产驱动型"到"发展驱动型",再到"创新驱动型",荣誉逐渐从单一的经济领域向多元化领域拓展,并涵盖经济、社会建设、科技创新等多个方面。由于国家(城市)发展阶段的复杂性,生产驱动型国家(城市)、发展驱动型国家(城市)、创新驱动型国家(城市)既存在于一个国家(城市)发展的不同阶段,也存在于一个国家(城市)发展的同一阶段,只是某个方面更为侧重。同理,"生产驱动型"荣誉、"发展驱动型"荣誉与"创新驱动型"荣誉亦是如此。

二、"生产驱动型"荣誉、"发展驱动型"荣誉与"创新驱动型"荣誉

在国家(城市)发展过程中,国家(市民)荣誉作为城市发展不可或缺的动力,见证了国家(城市)的发展和变迁,同时,荣誉制度的评选和表彰也逐渐规范化、制度化,成为国家(城市)发展的重要推动力。随着国家发展阶段

的演进和城市发展重点的转移,国家(市民)荣誉的评选和表彰在不断调整和完善,以适应时代的需求并推动国家(城市)的可持续发展。"生产驱动型"荣誉、"发展驱动型"荣誉、"创新驱动型"荣誉在国家(城市)发展的不同阶段对于国家(城市)发展的存续性动力与驱动性动力发挥着引领作用。"生产驱动型"荣誉通常表彰那些在生产领域取得显著成绩的集体或个人,国家(城市)在"生产驱动型"发展阶段,会注重提高生产效率,优化资源配置,促进经济增长,通过提高生产力水平,推动国家(城市)经济的快速发展以增加物质财富,为国家(城市)发展打下坚实的基础。"发展驱动型"荣誉则强调在发展过程中所取得的全面进步,注重协调平衡发展,不仅关注经济增长,还注重社会进步、文化发展、环境保护等多个方面。这一阶段国家(城市)往往通过制定科学的发展战略,实现经济、社会、文化的协同发展,为国家(城市)发展注入新的活力。"创新驱动型"荣誉则表彰那些在科技创新、制度创新、管理创新等方面取得突出成就的团队或个人,"创新驱动型"国家(城市)往往注重创新引领,推动科技创新与制度创新的有机结合,为国家(城市)发展提供源源不断的动力,通过创新驱动推动国家(城市)在科技、制度、治理等方面的领先地位,为国家(城市)发展赢得更多机遇。

改革开放以来,中国的政治形态发生了深刻变化,经济和社会发展,尤其是社会主义市场经济体制的建立与发展,为中国的政治发展提供了动力资源。[1]中国大刀阔斧地推动改革开放,通过实施对外开放和市场经济制度,为中国经济发展引来了源源不断的资金、先进的技术以及广阔的交易市场,成就了"生产驱动型"发展阶段举世瞩目的"中国奇迹"。"丧失经济增长的支撑,政治发展就要失去重要基础,缺乏基本条件"[2],"以经济建设为中心"的工作要求给国家(市民)荣誉贴上了鲜明的时代标签。在"生产驱动型"发展阶段,国家(市民)荣誉主要集中在经济领域,这不仅是对那些为经济发展做出突出贡献的个人和团体的认可,更是对国家(城市)经济发展的

---

[1] 林尚立:《权力与体制:中国政治发展的现实逻辑》,《学术月刊》2001年第5期。
[2] 张明军、陈朋:《中国特色社会主义政治发展的实践前提与创新逻辑》,《中国社会科学》2014年第5期。

肯定和激励。这些荣誉评选标准严格,要求个人或团体在经济领域取得卓越成就,为国家(城市)的经济发展做出杰出的贡献。尽管在"生产驱动型"发展阶段,国家(市民)荣誉涵盖了文化、教育、体育等多个领域,这些领域的个人和团体也有可能获得荣誉表彰,但相对于经济领域而言,获得荣誉表彰的数量往往较少,且受到的关注程度较低。人民的社会主体性决定了其政治主体性[1],国家(市民)荣誉的设立旨在表彰那些为国家(城市)经济建设和生产发展做出杰出贡献的个人或团体,为公众树立榜样,激发广大民众的积极性和创造力。通过这种方式,国家(市民)荣誉成为了国家(城市)发展的一个重要动力,为国家(城市)的经济繁荣注入了新的活力。

在"发展驱动型"的国家(城市)发展过程中,经济增长与社会发展密不可分,呈现高度统一性。重视经济增长与社会发展的统一性,意味着在推动经济发展的同时也要关注社会各方面的进步和改善[2],更注重环境保护、社会公正和生态平衡等,注重可持续发展,这也使得长期的、全局的、全面的发展理念逐渐深入人心。在"发展驱动型"国家(城市)发展阶段,国家荣誉的评选和表彰更加注重那些在国家战略性新兴产业、科技创新、文化教育、社会治理等领域做出突出贡献的个人和团体,也更加注重那些在国家(城市)规划、建设、管理等方面做出突出贡献的个人和团体。这种变化不仅体现了国家(城市)在发展上对全面性和均衡性的要求,也反映了国家(城市)发展对多领域优秀人才的重视和支持,以之为国家(城市)经济建设提供更加良好的社会环境。与此同时,国家(市民)荣誉也成为了国家(城市)形象展示和对外交流的重要窗口,为国家(城市)的发展注入了新的活力和动力。

随着中国经济进入高质量发展阶段,实践取向体现在创新成为第一动力[3],国家发展也逐渐从"发展驱动型"转向"创新驱动型",科技创新成为推动国家发展的核心动力。中国在适应型渐进改革中,逐渐形成一种新的相

---

[1] 王浦劬:《习近平新时代中国特色社会主义政治发展思想论析》,《政治学研究》2018年第3期。
[2] 刘克、蒋力:《对我国现有经济增长模式的反思及未来的发展建议》,《中州学刊》2010年第2期。
[3] 任保平:《新时代中国经济从高速增长转向高质量发展:理论阐释与实践取向》,《学术月刊》2018年第3期。

对稳定的国家治理制度体系[①],这一体系既体现了中国独特的政治优势和历史传统,又充分借鉴了现代治理理论和实践经验。随着新发展理念的提出,经济增长实现从要素驱动向创新驱动的动能转换[②],创新成为推动国家发展全局历史性变革的核心驱动力。这意味着,创新已经成为国家(城市)发展的关键因素,对于实现经济持续增长、促进社会进步、推动产业升级等,都具有至关重要的作用。在"创新驱动型"发展阶段,国家(市民)荣誉逐渐向科技创新领域倾斜,努力建立国家(市民)荣誉制度激励人才成长和成果创新[③],以表彰那些在科技创新方面做出突出贡献的个人和团体。这也为国家(市民)荣誉指明了未来发展的方向:需更加注重科技创新,特别是要发挥好青年这一关键群体的优势,加强人才培养,推动产业升级,实现经济持续增长和社会进步。通过不断推进制度创新和体制机制改革,进一步优化创新环境,发挥"创新驱动型"发展阶段国家(市民)荣誉的关键作用,为经济高质量发展注入新的动力。

[①] 徐湘林:《转型危机与国家治理:中国的经验》,《经济社会体制比较》2010年第5期。
[②] 马建堂、赵昌文:《更加自觉地用新发展格局理论指导新发展阶段经济工作》,《管理世界》2020年第11期。
[③] 潘晨光、祝伟伟:《国家荣誉制度与人才发展体制机制革新》,《人民论坛》2012年第36期。

第二章 历史沿革：改革开放以来上海市民荣誉制度的发展变迁

根据国家(城市)发展动力理论,生产力、发展力和创新力的驱动造就了上海市民荣誉制度在不同时期的发展特点,市民荣誉制度的发展在为城市发展提供重要推动力的同时,也丰富了国家荣誉在地方的实践,为城市发展注入了活力、提供了动力。改革开放以来,上海市民荣誉制度经历了初步探索、全面展开、逐步调试、成熟定型四个主要阶段的发展,既体现了上海市民荣誉制度的不断完善和进步,也反映了中国社会改革开放的历程和城市发展的时代特征。地方党委工作重点、政府工作计划、城市发展规划、人大立法和政府规章制度的完善等,都对市民荣誉制度的发展产生了重要影响,是市民荣誉从"生产驱动型"到"发展驱动型"再到"创新驱动型"演进过程中的关键引擎。在具体实践中,上海市民荣誉有多种形式的体现,既遵循了国家荣誉制度的要求,又实现了地方荣誉制度的发展。回顾上海市民荣誉制度的发展变迁,可以为我们深入探讨其现状和未来发展提供重要的历史背景和参考依据。

第一节 历时变迁：改革开放以来上海市民荣誉制度的发展阶段

上海的繁荣发展是伴随着改革开放开始的,而上海在改革开放的发展过程中,存在着明显的阶段性。总的来说,学界将上海改革开放后的历史发展划分为四个阶段和三个阶段两种。四个阶段是目前学界最常见的划分方法,但是不同的学者从各自的研究角度和领域出发,在对上海改革开放历史发展阶段划分的时间节点上又会略有不同。在上海党史研究室出版的关于上海改革开放史的著作中,分别以1992年、2002年、2012年为时间节点,将上海改革开放后的发展划分为调整转变(1979—1991年)、国际化起步(1992—2001年)、亚太中心城市(2002—2011年)、全球中心城市(2012年至今)四个阶段①。上海市统计局课题组遵循"波谷—波谷"的周期划分法,将上海经济运行表现的四个发展阶段划分为:改革起步阶段(1979—1989年)、高速增长期(1990—1998年)、第二个高速增长期(1999—2009年),以及深化转型期(2010年至今)②。还有一种划分方法为"三阶段"论,如上海市商务委员会编著的关于上海改革开放史的著作中,分别以1979年、1992年、2000年为节点,将上海对外贸易发展划分为探索转轨时期(1979—1991年)、快速发展时期(1992—1999年)、高速发展时期(2000年至今)③。而黄仁伟等学者则认为,第一个阶段(1978—1991年)上海因"计划经济的最好堡垒、国家财政的最大口袋、老工业的最大基地"的角色地位,虽开启了改革开放,但"角色未变,江山依旧",第二个阶段(1992—2007年)上海借助浦东开放开发,在改革开放潮流中实现了由"后卫"到"排头兵"的角色转变,第三个阶段(2008年至今)上海借助中国从贸易大国向资本大国、从制造业大国向技术创新大国的转变,开启了新一轮改革开放④。

尽管学界对上海改革开放后的发展阶段存在时间节点的划分差异,但是总结起来可以发现还是存在几个比较显著的时间和事件节点的。一是,1984年上海被列为我国十四个沿海开放城市之一,拉开了上海对外开放的大幕。二是,1990年党中央做出浦东开发开放的决定,这是党和国家为深

---

① 周振华等:《中国改革开放的排头兵:上海》,人民出版社2017年版,第14—27页。
② 上海市统计局课题组:《对上海经济增长阶段转换及发展的认识与思考》,《科学发展》2014年第8期。
③ 上海市商务委员会:《上海开放型经济30年——中国改革开放30年上海对外经济贸易回顾和展望》,上海人民出版社2008年版,第15—16页。
④ 黄仁伟、金芳等:《上海对外开放与发展:实践与经验》,上海社会科学院出版社2009年版,前言1—7页。

化改革、扩大开放做出的重要战略部署,也是上海在改革开放潮流中迎头赶上的重要契机。三是,2001年随着中国加入WTO,上海成功申办世博会并提出建设"四个中心"目标,上海进入了建设国际化城市阶段。四是,2013年中国(上海)自由贸易试验区成立,上海肩负起我国在新时期全面深化改革、扩大开放,以及探求新途径、积聚新经验的重要历史使命,同时,经过先行先试,上海发挥了引领开放、服务全国的示范带动作用,成为推进改革、提高开放型经济水平的"试验田"和我国进一步融入经济全球化的重要载体。五是,2017年《上海市城市总体规划(2017—2035)》发布,在深度全球化、市场化、信息化的背景下,上海进入了转型新时期,城市化速度加快,同时城市向生态化、人文化、区域一体化的发展态势越来越突出。正是这些特殊的历史节点对上海历史发展阶段的塑造,催生了上海城市的发展动力,带来了上海市民荣誉制度的发展变迁。

中华人民共和国成立以来,国家陆续设立了"全国劳动模范""三八红旗手"等多种荣誉称号,对国家和社会的发展发挥了激励和导向作用。而国家建设的推进和社会发展的需要,都给荣誉制度化提出了更高的要求。随着国家荣誉的种类增多并不断细化,涉及的领域愈来愈广,地方荣誉也在此基础上发展起来。改革开放至今,上海的市民荣誉制度取得了长足发展,在对各领域的突出贡献者予以肯定和激励的同时,也增强了市民的归属感与认同感,并不断在城市治理的实践中得到完善。考虑到上海在改革开放后发展的重要时间节点,本书大致将上海市民荣誉制度发展阶段划为初步探索阶段(1979—1988年)、全面展开阶段(1989—2000年)、逐步调适阶段(2001—2011年)、成熟定型阶段(2012年至今)。不同时期的荣誉类型及特点在呈现差异性的同时又保持了整体性,体现时代要求的同时也促进了社会的发展。

一、初步探索阶段(1979—1988年)

1979年以来的上海市民荣誉制度沿袭了中华人民共和国成立后的荣誉制度体系,特别是关于"全国劳动模范""全国五一劳动奖章"等的评选。

这一阶段，上海市民荣誉主要依据国家荣誉的相关规范进行评选，种类较少，且侧重工业和劳动领域的表彰。将这些先进人物身上表现出来的劳动热情和无私奉献精神，以及开拓创新和锐意进取精神进行宣传弘扬，从而调动人民群众的劳动积极性，并推进工业化进程。在国家荣誉层面，上海市按照国家荣誉的评选标准评选出"全国劳动模范""全国五一劳动奖章"等荣誉的获得者。例如，刘小双于1979年获"全国新长征突击手"荣誉，张永定于1986年获"全国建材行业劳动模范"荣誉，朱仁于1987年获"全国五一劳动奖章"，并在1988年获"全国劳动模范"荣誉，李德辉于1989年获"全国五一劳动奖章"。在地方荣誉层面，上海市开展了"上海市劳动模范""上海市先进生产者"等荣誉的评选。如，上海市五二〇厂冲床工宋泉花（女）是1981、1983、1985年"上海市劳动模范"，五一九厂的工程师郑铁民是1978、1979年"上海市先进生产者"。

在沿袭中华人民共和国成立后的国家荣誉制度之外，上海市还积极探索了与城市发展相适应的市民荣誉制度。仅以城市治理领域为例，自1982年3月起，上海市公安局开展了"文明单位""文明干警"的评选活动，说明市民荣誉的评选从劳动领域向精神文明领域得到了扩展和延伸。1983年2月7日，上海市公安局评选黄浦分局交通队、南汇县局坦直派出所等77个单位为"五讲四美"活动先进集体，189人为"五讲四美"活动积极分子。1987年2月14日，345位交通干警荣获上海市"文明标兵""创文明标兵"称号，共青团上海市委授予2个交通岗和6位青年干警"市新长征突击队""市新长征突击手"称号。1988年，上海市批准"文明单位"10个，"文明干警"称号288人，等等。这些城市治理领域市民荣誉的授予与市民荣誉制度的初步探索，为上海城市发展提供了重要发展动力。

二、全面展开阶段（1989—2000年）

1989年1月起，经国家外国专家局批准，上海市政府外办开始筹备第一次对外表彰典礼，并特制了正面印有上海市花白玉兰，背面印有上海地标外滩景色的铜制纪念奖牌。这是上海市白玉兰系列奖项的开端，后续发展中包括了白玉兰荣誉奖、上海市荣誉市民,标志着上海市开始建立具有地方特色的荣誉奖项。结合上海市的实际情况设立荣誉,并融入地方元素和符号以彰显上海市特色,体现了上海在市民荣誉的种类上进行创新。1992年,上海确立并完善了"白玉兰纪念奖""白玉兰荣誉奖"两个等级的白玉兰奖表彰制度。外籍人士在获得"白玉兰荣誉奖"之前,一般要在此前年度先获得"白玉兰纪念奖"。

从对外表彰开始,上海市民荣誉的类型开始增多,在公安、交通、社区治理等领域,逐渐设立相应的荣誉以达到激励和价值导向目的,授予的对象也不仅仅局限于个体,对组织和集体也开始进行表彰激励。比如,在交通领域,1990年2月12日,上海市的8条路段和56个交通岗、5个内勤组室被授予"文明交通线""文明交通岗""文明组室"的称号,216位交通警察受到表彰奖励;1991年3月12日,上海市颁授了6条"文明交通线"、64个"文明交通岗"、11个"文明组室"、95名"文明标兵"和252名"创文明标兵"。在公安领域,1992年5月上海市授予胡长枝等10人(包括户籍、刑侦、交通、治安等各警种)为"上海市公安系统先进标兵"称号,授予赵连扣等4人为"上海市公安系统优秀民警"称号。1993年2月1日,对在落实市政府1992年加强城市道路交通管理实事项目立功竞赛活动中获"建设功臣"的干警和连续5次获"文明标兵"荣誉称号的赵酉星等4位干警记二等功,给获得"优秀工作者"和连续3年获"文明标兵"荣誉称号的俞文嘉等43位干警记三等功,授予136人"文明标兵"荣誉称号。1994年3月,授予黄浦公安分局南京东路派出所、松江县公安局岳阳派出所等单位为上海市"十佳"派出所,黄桂梯、宋升翔等为"十佳"派出所民警。[①] 而在青年团体方面,从1990年开始,共青团上海市委和市科委每年都对青年星火带头人中的优秀者予以表彰,按其业绩设"上海农村青年星火带头人""上海农村杰出青年星火带头人",以及报送全国表彰的"全国农村青年星火带头人标兵"荣誉称号。至2000

---

① 《上海公安志》,http://www.shtong.gov.cn/dfz_web/DFZ/Info?idnode=58543&tableName=userobject1a&id=46524,2023年3月5日。

年,上海市已有王超、杨桂生、周珍3人被共青团中央和国家科委命名为全国青年星火带头人"十杰",13人被命名为全国青年星火带头人"标兵",261人被命名为全国和上海市青年星火带头人。此外,上海市科委、团市委和松江县科委、团县委还被团中央、国家科委授予"全国培养青年星火带头人活动优秀组织奖",松江县还被团中央、农业部、国家科委等评为"全国农村青年星火科技示范活动先进示范县"。①

以上案例只是20世纪90年代开始上海市民荣誉制度发展的缩影。彼时上海发展进入快车道,特别是浦东开发开放,带来了经济的长足发展、文化的繁荣发展,而众多的荣誉评选活动激发了市民的热情,人们的荣誉意识不断加强,参与度不断提升,给上海市民荣誉制度的发展也提供了契机。这一时期,上海市开展了诸多具有较大影响力且成效显著的荣誉评选表彰活动,市民荣誉在不同的领域、部门和层次不断深入和发展,在一定程度上体现了荣誉制度在激励和价值引领等方面的积极作用。然而,由于历史变迁、机构改革、社会转型等因素的影响,多头管理、荣誉泛滥、标准随意甚至腐败等问题也逐步显露出来。上海市民荣誉制度在实践中出现的问题引起了有关部门的重视,荣誉制度的发展完善成为亟待解决的问题。

三、逐步调适阶段(2001—2011年)

这一时期,除了市民荣誉制度的常态化发展,针对上海市民荣誉制度发展中多头管理、荣誉泛滥、标准随意等问题,上海市开展了清理和改进市民荣誉的活动,并结合党的十七大报告关于建立和完善中国特色功勋荣誉奖励体系的精神,开启了上海市民荣誉制度的制度化发展。

2001年,上海市政府下发《上海市人民政府办公厅关于清理和改进政府系统各类评比活动的通知》(沪府办发〔2001〕1号),市政府各部门对举办的273项评比活动进行了大幅度撤并,只保留其中的42项,取得了一定的

---

① 《上海青年志》,http://www.shtong.gov.cn/dfz_web/DFZ/Info?idnode=66406&tableName=userobject1a&id=62377,2023年11月10日。

成效。此后一段时间上海市民荣誉制度的发展沿袭了这一要求。但难以避免的是"一统就死、一放就乱"的情形,在严格的限制下,荣誉评选开始单调,激励效应也随之被削弱。为了调动市民的积极性,上海各式各样的荣誉又开始出现,评比达标表彰活动过多过滥的现象又有所上升,主要表现在:有的单位未经批准擅自举办评比达标表彰活动;有的直接向基层、企业收费评比或变相摊派;还有的表彰项目设置随意性大、奖励面过宽等。这些情况的存在干扰了一些地区和部门的正常工作秩序,影响了企业正常的生产经营活动,加重了基层、企业负担,亟须坚决予以纠正和清理。

党的十七大召开之前,《国务院办公厅转发监察部等部门关于清理评比达标表彰活动意见的通知》(国办发〔2006〕102号)和监察部等九部委印发的《关于落实〈通知〉的实施方案》等出台,建立制度化、规范化、程序化的功勋荣誉奖励体系被提上日程。党的十七大报告明确指出,要设立国家荣誉制度,表彰有杰出贡献的文化工作者,建立规范的标准和待遇,建立和完善具有中国特色的功勋荣誉奖励体系。这是我国首次提出建立国家荣誉制度,具有开创性的历史意义。依据党的十七大报告精神和《国务院办公厅转发监察部等部门关于清理评比达标表彰活动意见的通知》等,上海市于2007年再次下发《上海市人民政府办公厅转发市监察委等十部门关于本市清理评比达标表彰活动实施意见的通知》(沪府办发〔2007〕5号)等通知,就贯彻落实中共中央、国务院和上海市相关文件精神,并结合上海市民荣誉制度表彰实际,开展了相关荣誉制度的"退出机制"——评比达标表彰活动清理机制。随后市监察委、市纠风办、市编办、市发展改革委、市减负办、市民政局、市财政局、市人事局、市国资委、市政府法制办等十个部门联合发布了《关于本市清理评比达标表彰活动的实施意见》,提出要突出重点,分类指导,坚决防止走过场、搞形式主义,确保清理工作扎实有序开展,实现评比达标表彰活动大幅度减少、保留项目发挥积极作用、基层企业和群众负担明显减轻的目标。此次清理按照"全面清理、逐级负责、严格审核、大幅减少、统一规范"的原则,采取自上而下、条块结合、双向核查、逐项审核,自查自纠与重点抽查相结合等方式,对不符合国家法律、行政法规等规定或不符合实际需要的项目，要求基层、企业、群众出钱出物出工或以各种名目收费的项目，以开展活动为由违反有关财经法规滥发钱物的项目，一律予以撤销。

四、成熟定型阶段(2012年至今)

党的十八大以来，以习近平同志为核心的党中央高度重视荣誉表彰工作，逐步建立健全中国特色功勋荣誉表彰制度体系建设，多次对党和国家功勋荣誉表彰工作作出指示，强调要充分发挥党和国家功勋荣誉表彰的精神引领、典型示范作用，推动全社会形成见贤思齐、崇尚英雄、争做先锋的良好氛围。为此，中央层面建立了"1+1+3"的功勋荣誉表彰制度体系，地方也开始逐步探索与之相适应的地方荣誉表彰制度体系。2015年12月，中共中央印发了《关于建立健全党和国家功勋荣誉表彰制度的意见》，同月，十二届全国人大常委会第十八次会议通过了《中华人民共和国国家勋章和国家荣誉称号法》，这是我国荣誉制度的主要法律。2017年，党和国家功勋荣誉表彰工作委员会制定的《中国共产党党内功勋荣誉表彰条例》《国家功勋荣誉表彰条例》《军队功勋荣誉表彰条例》以及配套授予办法，经党中央批准实施。这标志着功勋荣誉表彰制度体系的"四梁八柱"搭建形成，统一、规范、权威的中国特色功勋荣誉表彰制度体系已经确立。

在此背景下，上海市积极探索与之相应的地方荣誉表彰体系，结合上海市荣誉的具体实践，探索制定《上海市民荣誉制度条例》等，以进一步规范荣誉表彰工作的开展。在这一阶段，上海市民荣誉制度还在不断探索完善。国家功勋荣誉表彰制度体系的建立给地方荣誉制度的完善提供了有效支撑，社会发展与时代特征给地方荣誉制度的完善提出了新的要求。建立统一完善的荣誉表彰制度，对于提升上海城市治理的规范化与法治化具有重要作用，对于进一步弘扬民族精神和时代精神，激发人民的创造性和积极性具有指导意义。上海市民荣誉制度体系建设和完善的必要性与紧迫性日益凸显，在这一过程中，确立人的主体地位、以人民为中心的地方荣誉表彰制度体系需体现法治、客观、公正理念，坚持继承性与创新性相结合、权威性与代表性相结合、整体性与地方性相结合,发挥好上海市民荣誉表彰在城市治理中的精神引领、典型示范和价值导向作用,推动城市发展中形成见贤思齐、崇尚英雄、争做先锋的良好氛围。另外,面对突如其来的新冠肺炎疫情,上海市结合抗疫实践,对全市上下齐心协力、团结奋斗而取得的抗疫战略成果予以了表彰。2020年9月,根据《中共上海市委上海市人民政府关于表彰上海市抗击新冠肺炎疫情先进个人和先进集体的决定》《中共上海市委关于表彰上海市优秀共产党员和上海市先进基层党组织的决定》,1 000名先进个人、300个先进集体和100名优秀共产党员、80个先进基层党组织受到上海市的表彰[①]。这对于大力弘扬伟大抗疫精神、大力弘扬抗疫斗争积累的宝贵经验、大力弘扬抗疫斗争淬炼的过硬作风,发挥了重要的价值导向作用。

第二节 制度变迁:规划中的上海市民荣誉制度

改革开放以来,上海在经济获得长足发展的同时,努力探寻与城市发展建设相一致的市民荣誉制度。"人民城市人民建、人民城市为人民"的成功实践凝结着上海城市发展的智慧。在中国共产党的领导下,上海着力提升城市能级和核心竞争力,城市功能实现新飞跃,基本建成国际经济、金融、贸易、航运中心。各项成绩的取得离不开各行各业劳动人民的勤恳付出,其中涌现出来的榜样和标杆人物,成为城市发展中的一颗颗闪耀的明珠,一个个响亮的名字和催人奋进的故事,汇聚成了这座城市鲜明的精神坐标,在广大市民的记忆中闪闪发光。如何让这些榜样和标杆人物事迹更好地转化为广大人民群众不断投身社会发展实践的强大动力,荣誉制度的调适与完善在城市发展中扮演了不可替代的角色。

---

① 《上海市抗击新冠肺炎疫情表彰大会在世博中心隆重举行》,http://www.shanghai.gov.cn/nw44743/20201009/0001-44743_1477389.html,2020年9月30日。

建设在中国共产党领导下、具有社会主义特色、以人民为中心、区域协调发展的城市①是上海城市建设的重要导向，是中国道路的具象化实践，是国家（城市）发展动力对上海城市发展的重要支撑。上海市民荣誉制度体现了上海城市发展过程的阶段性与接续性特点。本节从历时性的角度，从历次党代会报告、历次政府工作报告、不同阶段的"五年发展规划"以及市人大立法和政府规章立法规划等多个方面的文件解读上海市民荣誉制度，认为上海市民荣誉制度的发展和变迁为一个时期内的城市发展提供了先期引领，并提供了制度变迁的解读视角。

一、党代会报告中的市民荣誉

中华人民共和国成立后，上海市分别于1956年7月11日至26日（第一次会议，其间休会三天）和1957年12月20日至1958年1月10日（第二次会议，其间休会三天）、1958年12月28日至1959年1月16日、1963年12月16日至25日召开了第一届、第二届、第三届党代会②，1971年1月4日至10日召开了第四次党代会。改革开放以来，上海市分别于1986年3月3日至6日、1992年12月15日至20日、1997年12月21日至25日、2002年5月24日至28日、2007年5月24日至28日、2012年5月18日至22日、2017年5月8日至12日、2022年6月25日至27日召开了第五次、第六次、第七次、第八次、第九次、第十次、第十一次、第十二次党代会。因而本部分将从1986年第五次党代会开始，梳理改革开放以来上海市党代会报告中的市民荣誉。

1986年召开的上海市第五次党代会，是改革开放以后上海进入改造振兴新阶段召开的一次大会，具有承前启后的意义。会议要求全面实施国务院批准的《关于上海经济发展战略的汇报提纲》。在该提纲中，关于上海工商企业工资制度调整部分提出，企业有自主决定权，要鼓励职工多做贡献，

---

① 蒋昌建等：《上海"五个中心"新一轮发展战略：打造国家发展动力引领城市》，《科学发展》2022年第12期。
② 前三次党代会均称为"届"。

真正实行多劳多得、少劳少得,实行重奖重罚。这一要求虽未直接明确对于企业职工的荣誉奖励,但在当时"加快经济体制改革,搞活企业、搞活城市"的时代背景下,体现出了社会发展的价值导向,对于企业激发职工积极性给予了充分的政策肯定。

在1992年党的十四大召开后,上海市第六次党代会提出20世纪90年代上海改革与建设的目标和任务,明确了要把上海建设成为社会主义现代化的国际城市。国有大中型企业作为当时上海经济发展的重要支柱,已经充分认识到精神文明建设的重要性,致力于通过进行爱国主义、集体主义、社会主义教育和职业道德、社会公德教育,进一步发展社会主义新型的人际关系[1]。这为企业积极选择树立符合爱国主义、集体主义要求的优秀榜样人物奠定了发展基础,物质文明与精神文明建设相互促进发展在20世纪90年代上海发展的战略目标实现中逐渐发挥出重要作用。

1997年4月7日,上海市精神文明建设工作会议在上海展览中心举行,9个全行业规范服务达标行业、168个市级文明小区、1 000个市级文明单位和精神文明"十佳好事"受到表彰。同年7月3日,首次由市委、市政府召开的上海市卫生工作会议举行,市第一届、第二届"医学荣誉奖"获得者在会前接受了领导的会见。会议向第二届"医学荣誉奖"获得者颁奖,并明确指出卫生事业的发展是精神文明建设的重要内容[2]。全市群众性精神文明创建活动在这一时期迈上了一个新台阶。同年底召开的上海市第七次党代会全面贯彻党的十五大精神,将物质文明和精神文明建设提上了新高度,会议阐述了上海世纪之交(主要是到2000年)的发展目标,提出要全面推进精神文明建设,重在思想道德建设,提高市民素质和城市文明程度。大会报告特别提到了精神产品生产连续获得中宣部"五个一工程"优秀作品奖和组织工作奖,是上海市精神文明建设的重要成绩,也昭示着国家发展对精神文明建设的高度重视。

---

[1] 洪绍文:《一定要把上海建设成为社会主义现代化的国际城市——学习贯彻上海市第六次党代会精神》,《党政论坛》1993年第2期。
[2] 《上海年鉴1998》,https://www.shtong.gov.cn/difangzhi-front/book/detailNew?oneId=2&bookId=19945&parentNodeId=27287&nodeId=58655&type=-1,2023年9月18日。

2002年3月召开的上海市科学技术奖励大会,表彰了获得2001年度上海市科学技术进步奖的科技人员,上海市科技功臣、国家科技进步奖和2001年上海市科技进步奖获奖代表受到了表彰。2002年度上海市科技进步奖共授奖313项,有2 800余名科技人员、188个单位获得奖励[①]。这是上海在实施科教兴国战略,加快科技创新精神指引下对科技领域有突出贡献者的嘉奖,激励科技工作者要继续保持开拓创新的精神。同年,为了加强市民文明教育,上海在全市开展"与文明同行"主题活动,评出志愿者优秀集体100个、优秀组织者80人、优秀志愿者110人。这一年召开的上海市第八次党代会,充分肯定了经济科技发展和精神文明建设取得的丰硕成果,并进一步明确坚持依靠科技进步促进经济发展的导向、加快实施人才战略、全面推进精神文明建设、不断提高典型宣传水平等方面的要求,为改革发展稳定创造了良好氛围。

2007年8月,上海科学技术奖励大会举行,连续颁发20年的"上海市科技进步奖"正式更名为"上海市科学技术奖",下设"科技功臣奖""自然科学奖""技术发明奖""科技进步奖"和"国际科技合作奖"五个大奖。除"科技功臣奖"每两年颁发一次外,其余四大奖项每年一评。同年召开的上海市第九次党代会报告会对人才强市战略提出要求,提出健全以品德、能力和业绩为重点的人才评价、选拔任用和激励保障机制,充分激发人才的创新创造活力。第九次党代会同时还对成功举办好世博会提出一系列展望,希望举办一届全球经济和科技最新成果充分展示的盛会、世界不同文明深入交流的盛会、国际社会广泛参与的盛会,这对后来世博会先进人物及事迹的评选也指明了方向。上海第九次党代会为上海完成"十一五"规划目标,办好世博会,加快推进"四个率先",建设"四个中心"和社会主义现代化国际大都市均发挥了重要作用。

2012年,上海市第十次党代会报告突出了创新的核心地位,在对未来

---

① 《上海年鉴2003》,https://www.shtong.gov.cn/difangzhi-front/book/detailNew?oneId=2&bookId=70632&parentNodeId=70798&nodeId=72721&type=-1,2023年6月11日。

五年工作的总体要求中,明确了上海要坚定不移地走创新驱动、转型发展之路,进一步发挥好党的坚强领导作用,建设经济活跃、法治完善、文化繁荣、社会和谐、城市安全、生态宜居、人民幸福的社会主义现代化国际大都市。当年,为推进社会主义核心价值体系建设,开展思想道德建设和精神文明创建活动,上海推出全国重大先进典型杨兆顺,重点宣传上海航天"921"团队的先进事迹,举行第二届"光荣与力量"——"感动上海"年度十大人物评选活动和颁奖典礼,广泛宣传上海先进基层党组织、优秀共产党员及基层党代表的感人事迹。全市有 29 个基层党组织、3 名党员获全国创先争优荣誉称号,101 个基层党组织、100 名党员获上海市委创先争优荣誉称号[①]。同时,为加强党的组织部门自身建设,上海还开展了"讲党性、重品行、作表率"活动,表彰扎根基层的董勤娣等一批优秀组织工作干部和先进集体典型。

党的十八大以后,上海市加快建设社会主义现代化国际大都市,步入了全面深化改革、加快创新发展的新时期。2017 年召开的上海市第十一次党代会指出,上海要勇当改革开放排头兵,敢为创新发展先行者,加快向具有全球影响力的科技创新中心进军,全面提升城市的吸引力、创造力、竞争力,让人民拥有更好生活。在科技方面,有 58 项上海牵头及合作完成的科技成果(含 2 人)获 2017 年度国家科学技术奖,占全国获奖总数的 20.7%,是 1999 年国家科技奖励制度改革以来首次突破 20%,也是连续 16 年获奖比例超过 10%。在 2020 年度国家科学技术奖励大会上,上海首次同时获得国家自然科学奖、国家技术发明奖、国家科技进步奖"三大奖"一等奖,体现了上海科创策源功能"硬实力"和创新生态环境"软实力"。2017 年 11 月,中宣部、中央文明办等评选表彰的第六届"全国道德模范"名单公布,上海市王海滨获第六届"全国道德模范"荣誉称号(见义勇为类)。2021 年正值中国共产党建党 100 周年,上海市吕其明、黄宝妹获得"七一勋章",11 名党员、7 名党务工作者、13 个基层党组织获评全国"两优一先"。上海完成道德模范

---

① 《上海年鉴 2013》,https://www.shtong.gov.cn/difangzhi-front/book/detailNew?oneId=2&bookId=85624&parentNodeId=85733&nodeId=127053&type=-1,2023 年 2 月 21 日。

等评选推荐和学习宣传,10名个人及2个集体获全国相关"最美"荣誉,进一步强化了主流价值引领,培育践行社会主义核心价值观。

2022年上海市第十二次党代会报告以"弘扬伟大建党精神,践行人民城市理念,加快建设具有世界影响力的社会主义现代化国际大都市"为主题,进一步突出了党的领导对人民城市建设的重要性,推动高质量发展、创造高品质生活、实现高效能治理成为最集中的工作导向和最鲜明的奋斗指向。通过弘扬伟大建党精神,从中汲取战胜各种艰难险阻、创造一切人间奇迹的奋斗力量;通过践行人民城市理念,打造人民城市典范,更好地向世界展示中国式现代化的光明前景,这将是未来上海市发展动力的重要来源。荣誉制度的不断完善,特别是优秀党员事迹和先锋模范榜样作用的持续发挥,将为上海市肩负当好排头兵和先行者的光荣使命,加快建设具有世界影响力的社会主义现代化国际大都市,提供强有力的支持。

二、政府工作报告中的市民荣誉

改革开放后到20世纪90年代,市民荣誉制度还处于初步探索阶段,这一时期政府工作报告中对当年及一段时期内的规划主要侧重于经济建设方面。1983年政府工作报告提出"六五"计划后3年(1983—1985年)的主要任务是:继续贯彻调整、改革、整顿、提高的方针,紧紧围绕以提高经济效益为中心,保证扎扎实实的生产增长速度,保证内外贸易的逐年增长,保证国家财政收入指标的实现,保证"六五"计划的全面完成展开工作。"今后一个时期,继续贯彻调整、改革、整顿、提高的方针,着力于发展对外经济贸易,加强对内经济协作和联合,加快改造老企业和老城市,重点开发经济、科技和建设的新领域。"[1]1984年的上海政府工作报告提出,必须"切实地把经济工作纳入以提高经济效益为中心的轨道,在进行社会主义物质文明建设的同时,加强社会主义精神文明建设,勇于改革,勇于创新"。这一要求将社会主

---

[1] 《上海人民代表大会志》,https://www.shtong.gov.cn/difangzhi-front/book/detailNew?oneId=1&bookId=4492&parentNodeId=22084&nodeId=53617&type=-1,2023年7月18日。

义精神文明建设提上了政府工作的新高度,在全力做好经济工作的同时,注重精神文明建设,"物质"与"精神"并重,为市民荣誉制度的完善与发展也提供了先行条件。而在1984年上海被列为十四个沿海开放城市之一后,1985年政府工作报告进一步明确了"把上海建设成为开放型、多功能、产业结构合理、科学技术先进、具有高度文明的社会主义现代化城市"的战略目标。1987年的政府工作报告强调要把上海的社会主义精神文明建设推向前进,进一步推进民主和法制建设。这为接下来上海市社会主义精神文明建设和法制建设同步推进提供了指导,为20世纪90年代后上海市民荣誉制度的发展奠定了基础。

20世纪90年代后,上海市改革开放的步伐不断深入。1990年上海市政府工作报告指出,根据中共中央、国务院关于加快浦东地区的开发、开放的决策,将按照"面向世界、面向21世纪、面向现代化"的战略思想进行规划和建设,坚持改革开放,继续贯彻"一要稳定、二要鼓劲"的方针,在调整、整顿、管理、改革上狠下功夫,使上海在调整中积蓄后劲,在稳定中继续发展。在改革开放力度不断加大的背景下,前来上海帮助建设的外国专家逐年增多,不少人为上海的经济建设和社会发展做出了突出的贡献。上海市政府决定以对外表彰的方式充分肯定他们的成绩,鼓励他们继续为上海这座城市服务。1992年的政府工作报告提出"抓紧有利时机,以浦东开发、搞好国营大中型企业为重点,加大改革力度,扩大对外开放,依靠科技进步,调整产业结构,提高经济效益,加快经济发展和城市基础设施建设步伐,加强社会主义精神文明和民主法制建设"。这对上海白玉兰系列奖的法治化进程具有极大促进作用。1992年11月,上海市制定下发《上海市人民政府外事办公室设立"白玉兰荣誉奖"、"白玉兰纪念奖"的暂行规定》,根据这一规定,表彰对象从外国专家扩大到所有为上海经济建设和社会发展做出贡献的境外友人。社会主义市场经济体制建立以来,上海市经济获得了长足发展,在此基础上,上海市民荣誉的覆盖面逐步扩大,涉及的领域也越来越多。1995年政府工作报告认为,必须坚定不移地推进改革开放,努力保持经济发展、城市建设和浦东开发的好势头,加快城乡一体化进程。特别强调科技工作要坚持面向经济建设主战场，实行政府、企业、社会多元化投资，逐步形成奖励基金、拨款与融资贷款以及风险基金等多形式投资的新格局。1997年政府工作报告指出，设立"上海市人才发展基金"，重奖有突出贡献人员，探索在高新技术领域的技术入股方式，推动科技成果转化为生产力。1998年上海市政府工作报告要求，加快现代企业制度建设，完善对经营者的选聘、监督、考核和奖惩办法。这一系列的要求都为更好地激励市民投身到经济建设中发挥了关键导向作用。

进入21世纪，随着经济社会的转型与我国法治化进程的加快，各类荣誉逐渐纳入法治化进程中，不断向着标准化迈进。2001年政府工作报告认为，要加快依法治市进程，不断推进民主法制建设，加快落实依法治市任务，促进各项事业依法规范、依法管理和依法运行，促进立法、改革和发展重大决策的紧密结合，适应我国加入世贸组织后对地方立法工作的新要求，以经济和城市管理为重点，认真做好地方性法规的"立、改、废"工作。在此要求下，市政府各部门对各类评比活动进行了精简与合并，在一定程度上对种类繁多、评比泛滥的情况发挥了很好的约束整顿作用。此后一段时间，上海市民荣誉制度的发展也在此要求下规范推进，荣誉评选的种类、范围和授予对象在相应的要求内保持了一定的稳定性，但是这也限制了荣誉设立对市民积极投身各行各业积极性的激发。建立规范的市民荣誉制度对上海城市发展提出了更高的要求，如何更好地发挥好科技、经济、社会、文化等领域先锋模范的榜样作用，市政府逐渐为各领域的荣誉和奖励的规范化提出了新要求。2004年政府工作报告指出，进一步加强精神文明建设。以实施"迎世博文明行动计划"为载体，丰富和实践上海城市精神。广泛深入地开展诚信教育、法制教育。继续实施公民道德建设纲要，大力弘扬社会公德、职业道德、家庭美德，完善文明创建长效机制，提高市民综合素质和城市文明程度。2008年政府工作报告指出，党的十七大对当时国际国内形势作出了科学判断，对我国改革开放和社会主义现代化建设作出了战略部署，上海正加快向更多地依靠科技进步、劳动者素质提高、管理创新驱动的发展转变，需进一步完善鼓励技术创新和科技成果转化的法制保障、政策体系、激励机制、市场环境,为各类创新主体提供有效服务。2010年政府工作报告进一步提高了对人才工作的重视,要求全面落实人才的引进、奖励、安居和医疗等政策,着力优化人才发展环境。

党的十八大以来,以习近平同志为核心的党中央高度重视荣誉表彰工作,上海市的荣誉制度也日趋完善。2013年政府工作报告在优化发展环境、促进技术创新体系和人才队伍建设方面,要求健全创新创业服务体系,深化科技评价和奖励制度改革。2015年政府工作报告关于培养和引进创新创业等各类人才方面,要求创新人才激励政策,扩大股权激励试点范围,完善职务发明激励机制,推动形成"大众创业、万众创新"的生动局面。这些都对上海市完善人才激励机制、提高创新能动性发挥了积极引导作用。2017年政府工作报告进一步提高了完善人才管理制度、创新人才管理方式的要求,要"完善人才激励机制,健全科研人员绩效评价和奖励机制,探索有利于体现人才创新价值的科研经费管理制度"。这充分体现了上海市对优秀人才的重视,以期通过更完善的奖励激励机制引领社会发展。近年来,上海市对人才激励的重视程度提上了新的高度。2019年政府工作报告对创新文化人才引进、培养、交流、激励等机制做了要求。2021年政府工作报告提出要完善人才评价使用激励机制。新冠肺炎疫情以来,上海市坚持统筹疫情防控和经济社会发展,与新冠肺炎疫情做了顽强斗争。2023年政府工作报告,就对抗疫大战中做出重要贡献的广大医务人员和其他各条战线的工作人员给予了高度肯定。这是对榜样事迹和先进人物的肯定,更是对广大人民群众在危难时刻积极投身社会公共事务的鼓励和赞扬,对于社会公众向先进人物和事迹学习,更好地弘扬社会主义核心价值观,具有重要的引导和激励作用。

三、"五年发展规划"中的市民荣誉

改革开放以来,1981年开始编制第六个五年计划,即《上海国民经济和社会发展计划》,将社会事业也列入发展计划。这一时期上海确定了发展重点为工业建设和基础设施建设,重工业则把为轻纺工业和农业技术改造服

务作为重要发展方向,所以这一时期,上海的荣誉表彰也侧重于工业发展领域的劳动模范和领军人物,以调动广大人民群众投身工业化发展的积极性。1986年5月3日,《上海市国民经济和社会发展第七个五年计划(草案)》经上海市第八届人大五次会议审议后原则批准。"七五"计划将精神文明建设纳入发展计划,要求在发展生产和提高劳动生产率的基础上,进一步改善城乡人民的物质文化生活,在推进社会主义物质文明建设的同时,大力加强社会主义精神文明建设。这一时期,上海进一步认识到精神文明对于物质文明建设的重要性,开始注重加快科技进步和人才培养,促进经济振兴和各项事业的新发展。以"劳动模范""五一奖章""先进工作者"等为代表的表彰,构成了这一时期的主流荣誉。1991年4月,上海市九届人大四次会议经过审议通过了"八五"计划纲要,提出上海20世纪90年代国民经济和社会发展的战略是:振兴上海,开发浦东,服务全国,面向世界。总的目标是:以提高经济效益为中心,积极调整经济结构,努力实现国民生产总值比1980年翻两番,人民生活达到小康水平,力争把上海建设成为外向型、多功能、产业结构合理、科学技术先进、具有高度文明的社会主义现代化国际城市。随着科教文卫事业的进步,国民经济和社会的全面发展,各个领域涌现出来的荣誉和表彰类型逐渐增多,市民荣誉也逐步繁荣,各类荣誉和表彰全面展开。

《上海市国民经济和社会发展"九五"计划与2010年远景目标纲要(草案)》于1996年2月9日经上海市十届人大四次会议审议通过。该纲要提出了上海跨世纪发展的奋斗目标,即保持国民经济持续、快速、健康发展的势头,大力推进产业结构的战略性调整,加快科技进步,促进产业结构合理化、高度化和现代化。为了增强科技对经济发展的推动力,1998年5月,上海市政府制定了《上海市促进高新技术成果转化的若干规定》,实行高新技术成果转化项目认定制度,设立高新技术成果转化风险基金,成立高科技成果转化服务中心,推进高新技术产业发展。这对当时促进科技发展、激励科技人才发挥自身优势,发挥了极大的鼓励作用。"十五"是上海提高城市综合竞争力极为重要的时期,为进一步促进上海市国民经济和社会发展信息化的发展,上海市政府于2001年印发《上海市"十五"国民经济和社会信息化重点专项规划》。建设信息化人才高地成为这一时期上海经济发展的重要关注点。"十五"计划要求逐步建立与社会主义市场经济体制相适应的、比较规范的激励机制和分配机制,营造激励创新、宽容失败、倡导诚信、有序竞争、促进合作的环境,鼓励优秀人才在市场竞争中脱颖而出。上海发展对于人才求贤若渴,相应领域的优秀评选和表彰给予了优秀人才以精神上的鼓励和肯定。2007年7月16日,上海市政府印发《上海市国民经济和社会信息化"十一五"规划》。这一时期上海充分认识到"信息产业跃升为全市第一支柱产业"这一重要的现实基础,全面落实科学发展观,以加快推进上海市国民经济和社会信息化。这一时期,上海特别强调贯彻人才强市战略,加强信息技术领域各类中高级创新型、复合型、实用型人才队伍建设,大力引进和培养领军人才和创新团队,不断优化人才结构。与之相应,以信息工作的先进集体和个人、上海市优秀CIO(信息主管)及信息技术优秀应用成果等为代表的表彰,成为这一时期上海荣誉制度发展的鲜明特点。

2011年1月21日,上海市第十三届人民代表大会第四次会议批准了《上海市国民经济和社会发展第十二个五年规划纲要》。"十二五"规划充分认识到,上海进入转型发展新阶段,要推动发展理念向以人为本转变,推动发展动力向创新驱动转变,把营造良好的创新环境作为建设创新型城市的重要支撑。为优化城市创新环境,需完善科技评价和奖励制度、完善知识产权资助政策和奖励制度、加大人才政府奖励力度。这对于上海进一步提升城市国际竞争力,激励优秀人才为上海发展建设贡献力量,具有重要的支持与引导作用。《上海市国民经济和社会发展第十三个五年规划纲要》于2016年1月印发,"十三五"时期(2016—2020年)是我国全面建成小康社会的决胜阶段,上海承担着到2020年基本建成国际经济、金融、贸易、航运中心和社会主义现代化国际大都市的国家战略,肩负着继续当好全国改革开放排头兵、创新发展先行者的重要使命,承载着促进社会公平、提高生活质量的百姓期盼。以习近平同志为核心的党中央高度重视荣誉工作,上海市对各个领域的规划也更加精细化,荣誉制度在此基础上也不断完善。例如,

《上海市体育改革发展"十三五"规划》中就明确指出,积极推动各地因地制宜建设各类体育博物馆、陈列室、荣誉室、纪念馆、名人堂,发挥其体育文化重要载体作用,这对于更好地发挥模范人物的榜样力量具有重要推动作用。"十四五"时期,是我国开启全面建设社会主义现代化国家新征程、向第二个百年奋斗目标进军的第一个五年,也是上海在新的起点上全面深化"五个中心"建设、加快建设具有世界影响力的社会主义现代化国际大都市的关键五年。2021年印发的《上海市国民经济和社会发展第十四个五年规划和二〇三五年远景目标纲要》是指导上海未来发展的宏伟蓝图,也是全市人民共同奋斗的行动纲领。文件明确指出,要"健全教师荣誉制度,营造全社会尊师重教的浓厚氛围",对于教育事业人才发展的队伍建设具有极大促进作用。《上海市社会主义国际文化大都市建设"十四五"规划》中提到,"培育和推荐更多上海先进典型入选'时代楷模'等国家级荣誉",体现了上海对先进典型人物的高度重视,这也将为上海市民荣誉制度的发展完善创造更多有利条件。

四、人大与政府立法规划中的市民荣誉

在初步探索阶段(1979—1988年),上海市对荣誉的法治化建设还在不断摸索中,人大还未将荣誉制度纳入立法规划,主要依据国家荣誉规范进行推选。改革开放后,在经济建设及工业化建设的发展要求下,上海市民荣誉主要在国家规定的荣誉范畴内推选优秀代表人物,涵盖的则主要是工业化建设中涌现出来的榜样人物,通过宣扬他们的优秀事迹,激励更多的市民投入经济建设中。这一时期,为了增强全市国家行政机关工作人员的责任感和纪律性,充分调动广大工作人员的积极性和创造性,确保社会主义现代化建设事业的顺利进行,政府先从公职人员队伍内开展荣誉制度的法治化探索。1983年颁布的《上海市国家行政机关工作人员的奖惩试行办法》规定,对表现优秀的国家行政机关工作人员应给予奖励,并且将奖励分为记功、记大功、授予荣誉称号、升级、升职、通令嘉奖六种,在给予政治荣誉时,可酌情发给奖品或奖金,授权荣誉称号由区、县人民政府或市级局以上行政机关决

定,对受奖人员应在适当会议上公布,事迹突出的可登报刊,激励市民向先进学习。同年,上海还颁布了《上海市企业职工奖惩条例实施办法》,对职工的奖励分为记功、记大功,晋级,通令嘉奖,授予先进生产(工作)者、劳动模范荣誉称号等方式。在此基础上,行政机关在相应工作领域开展了相应荣誉授予的探索,一批"劳动模范""先进工作者""标兵""优秀单位"等成为这一时期荣誉获得的代表。

在全面展开阶段(1989—2000年),上海市结合地方发展要求,开始了地方荣誉制度的探索。自1989年1月起,上海市首次对18位外国专家进行表彰,授予他们白玉兰铜质纪念牌,在外国专家中引起了热烈反响。1992年,上海市人民政府外事办公室在总结颁发"上海感谢您"纪念奖章工作的基础上,报请市政府同意,颁布了《上海市人民政府外事办公室关于设立"白玉兰荣誉奖""白玉兰纪念奖"的暂行规定》,对外表彰的范围就此从外国专家扩大到来沪工作的所有外籍人士。在此基础上,上海地方荣誉的评选与颁授在各个领域遍地开花,荣誉制度的建立开始全面展开。为了奖励在本市决策咨询研究中做出重要贡献的单位和个人,上海市政府颁布《上海市决策咨询研究成果奖励规定》,获得决策咨询研究成果奖的单位和个人,由评审委员会颁发证书、奖状和奖金。1994年上海发布《上海市人民政府关于修改〈上海市合理化建议和技术改进奖励实施办法〉的决定》,对被采用的、可以直接计算经济效益的合理化建议和技术改进项目,进行颁发奖状和表扬等形式的奖励。1997年上海市人大制定了《关于授予外国人"上海市荣誉市民"称号的办法》,鼓励和表彰对社会经济建设、社会发展和促进本市与外国城市的友好关系做出突出贡献的外国人。

在逐步调适阶段(2001—2011年),面对种类繁杂、各类评选和评比乱象丛生的情况,上海市政府开始对各类表彰评比活动进行规范。2002年上海市政府发布了《上海市人民政府关于市人民政府奖励工作审批手续的补充规定》,明确了市人事局是市人民政府管理奖励工作的职能部门,凡是要以市人民政府名义奖励有关人员的工作,统一由市人事局具体办理。市政府授予上海市"劳动模范"或"先进工作者"荣誉称号,其他各系统、各行业的先进工作者或某项工作的积极分子等称号,则一般由有关系统、行业的主管委、办、局授予。这对一段时间内的表彰评比活动起到了一定的规范作用。为弘扬社会正气,维护社会秩序,加强社会主义精神文明建设,同年上海市人民政府发布了《上海市见义勇为人员奖励和保护办法》,按照对见义勇为人员实行精神鼓励与物质奖励相结合的原则,进一步实现了对全市范围内见义勇为行为的确认和对见义勇为人员的奖励、保护;为了奖励在本市科学技术进步活动中做出贡献的个人、组织,调动科学技术工作者的积极性和创造性,加速科学技术事业的发展,2007年重新修订了《上海市科学技术奖励规定》,由市人民政府统一设立"上海市科学技术奖"。随着经济的转型发展和社会发展的不断进步,各领域的模范和先进表彰活动又逐渐丰富起来,教育事业贡献者、征兵工作先进单位和个人、劳动模范与劳动集体、"人民满意公务员"与"人民满意的公务员集体"、促进就业先进集体和先进个人等的评奖评优又随之走进了广大市民的视野。

在成熟定型阶段(2012年至今),特别是党的十八大以来,党和国家对功勋荣誉表彰工作高度重视,建立了功勋荣誉表彰制度体系,上海市也积极探索与地方特点相适应的地方荣誉制度。根据上海市人大常委会公布的2014年度立法工作计划,《上海市见义勇为人员奖励和保护条例(暂定名)》已被纳入立法规划,立法工作还在持续推进中。这将有效奖励和保护见义勇为人员,弘扬社会正气,维护社会秩序,加强社会主义精神文明建设。上海市十六届人大常委会立法规划(2023—2027年)中,拟修订《上海市科学技术进步条例》,上海市人民政府2023年立法工作计划中,拟修订和制定《上海市科学技术奖励规定(修改)》和《上海知识产权创新奖评选办法(暂定名)》。这将对上海更好地奖励在科学技术进步活动中做出贡献的个人、组织,调动科学技术工作者的积极性和创造性,促进科学技术事业的发展发挥重要作用。完善上海市民荣誉制度体系,有利于培育和践行社会主义核心价值观,制定《上海市民荣誉制度条例》,实现市民荣誉制度系统集成,具有重要的现实意义。根据2017年上海市人民代表大会常务委员会公报,关于制定《上海市民荣誉制度条例》的议案(第12

号)的审议结果得知[①],目前上海市人大充分认识到了荣誉评选散见于很多部门的现状,荣誉制度条块化、碎片化,需要在制度梳理、顶层设计的基础上,制定《上海市民荣誉制度条例》,更好地发挥市民荣誉制度的价值引领和凝聚人心的作用。但考虑到国务院正在起草制定《表彰奖励工作条例》,市政府有关部门将密切关注国家立法动态,积极开展立法前期调研论证,待条件成熟后,适时启动地方性法规制定工作。从这一时期人大和政府相关立法规划中,可以明显看出上海市对市民荣誉制度完善和发展的密切关注,特别是中央对国家功勋荣誉工作的重视,为上海探索地方荣誉制度提供了有效支撑,上海市荣誉表彰工作的规范化和法治化进程正持续推进。

五、规划中的市民荣誉制度的变迁

从历次党代会报告、历次政府工作报告、不同阶段的"五年发展规划"以及市人大立法和政府规章立法规划中,可以了解到上海市民荣誉制度发展变迁的制度设计和规划,这对于上海市民荣誉制度的发展变迁有着重要的前瞻性、指导性意义。如果从制度主义的视角来看,规划中的上海市民荣誉制度的发展呈现出了如下三个特点。

第一,改革开放以来上海历次党代会报告、历次政府工作报告、不同阶段的"五年发展规划"以及市人大立法和政府规章立法规划等,虽然对市民荣誉制度的直接关注不多,但散落在精神文明建设、上海市科学技术奖等各专门奖项中,特别是从各专门奖项的角度制定法律法规、规章制度等,丰富发展了上海市民荣誉制度。不过,这就意味着缺乏一部专门的法律法规规范上海市民荣誉制度,这也正是《上海市民荣誉制度条例》的探索意义所在。

第二,改革开放以来上海历次党代会报告、历次政府工作报告、不同阶段的"五年发展规划"以及市人大立法和政府规章立法规划等存在关键转折

[①] 林化宾:《上海市人民代表大会法制委员会关于市十四届人大五次会议主席团交付审议的代表议案审议结果的报告》,http://www.spcsc.sh.cn/n8347/n8407/n3644/u1ai147495.html,2019年6月19日。

的节点。与之相应,上海市民荣誉制度的发展变迁也既有历史的延续性,也有关键历史节点的转折性,特别是在党的十七大报告提出"设立国家荣誉制度,表彰有杰出贡献的文化工作者",党的十八大建立国家功勋荣誉表彰制度后,上海市也积极有为,探索建立了符合上海政治经济文化科技发展实际情况的市民荣誉制度,不仅丰富了国家荣誉制度的地方实践,也开创了市民荣誉制度的上海之路。从这个意义上来说,上海市民荣誉制度既跟随国家荣誉制度的发展,也反映上海城市发展,同时也有着自身的前瞻性规划。

第三,改革开放以来上海历次党代会报告、历次政府工作报告、不同阶段的"五年发展规划"以及市人大立法和政府规章立法规划等呈现出阶段性特征。每一个时代都存在着市民荣誉制度发展变迁的问题,即市民荣誉制度的阶段性特征问题。这既是国家(城市)发展动力在不同阶段的表现,也是市民荣誉制度本身成熟定型的诉求。

第三节 实践变迁:实践中的上海市民荣誉制度

按照前述对于市民荣誉及其制度的理解,讨论改革开放以来上海市民荣誉制度的发展变迁可以将上海市民荣誉及其制度分为四个方面,即国家荣誉及其制度在上海的实践、上海市民荣誉制度的上海实践、其他省区市表彰上海市民的荣誉,以及白玉兰纪念奖、白玉兰荣誉奖、荣誉市民等对外表彰这一特殊的类别。每个类别又有众多的荣誉构成。表2.1从四个类别进行了归纳整理,并进行了描述性分析。由于每个类别的荣誉繁多、复杂甚至泛滥,本节将从每个类别中选择一个典型性代表,同时,为了展示荣誉的庞杂,尽可能确保每个类别选择的荣誉不重复。

一、国家荣誉制度在上海的实践:以"人民教育家"国家荣誉称号获得者于漪为例

本书以"共和国勋章"和国家荣誉称号评选表彰为例,介绍国家荣誉制

第二章 历史沿革：改革开放以来上海市民荣誉制度的发展变迁 / 53

表 2.1 上海市主要的现行荣誉

荣誉奖项级别	荣誉奖项类别	代表性荣誉奖项名称	授予的主要主体（现行）	授予形式	法律法规	上海代表人物
国家最高荣誉（中共中央、全国人大、国务院、全国政协、中央军委）	国家勋章和荣誉称号	共和国勋章、七一勋章、八一勋章等	中共中央、国务院、中央军委等	多为表彰大会	《中华人民共和国国家勋章和国家荣誉称号法》《中国共产党内功勋荣誉表彰条例》《国家功勋荣誉表彰条例》《军队功勋荣誉表彰条例》"共和国勋章"和国家荣誉称号授予办法》《"七一勋章"授予办法》《"八一勋章"授予办法》《"友谊勋章"授予办法》等	上海市杨浦高级中学名誉校长于漪获"人民教育家"国家荣誉称号
国家级荣誉（中央各部门）	国家级先进称号（不分类）	全国道德模范	中央宣传部、中央文明办、全国总工会、共青团中央、全国妇联、中央军委政治工作部	多为表彰大会	《关于评选表彰第×届全国道德模范的通知》《评选表彰第×届全国道德模范实施办法》	华东师范大学退休教师方敬
	科技类荣誉称号	中科院院士	中国科学院	多为公告	《中国科学院院士章程》《中国科学院院士增选工作实施办法（试行）》	复旦大学脑科学研究院院长马兰

国家荣誉

续　表

荣誉奖项级别	荣誉奖项类别	代表性荣誉奖项名称	授予的主要主体（现行）	授予形式	法　律　法　规	上海代表人物
国家荣誉	社会发展类奖项	人民满意的公务员	党中央、国务院①	多为表彰大会	《中华人民共和国公务员法》《公务员奖励规定（试行）》	上海市虹口区人民政府北外滩街道何建华
国家级荣誉奖项（中央各部门）	体育领域奖项	体育运动荣誉奖章	国家体育总局	多为表彰大会	《运动员、教练员体育运动奖章授予办法》	上海田径运动员谢文骏
	教育领域奖项	全国优秀教师	教育部	多为表彰大会	《教师和教育工作者奖励规定》	上海师范大学王邦佐
	民政慈善类奖项	中华慈善奖	民政部	多为表彰大会	《"中华慈善奖"评选表彰办法》	上海唐君远教育基金会唐翔千
	医学领域奖项	白求恩奖章	国家卫健委	多为表彰大会	《全国卫生系统荣誉称号暂行规定》	复旦大学附属中山医院翁心华
	文学领域奖项	茅盾文学奖	中国作家协会	多为表彰大会	《茅盾文学奖评奖条例》	王安忆
	武警、公安、军队等的奖项	十大标兵士官	武警部队	多为表彰大会	《武警部队"百名优秀士官"十大标兵士官"评选表彰办法》	武警上海市总队五支队特勤中队班长熊盛顺

① 2022年之前为中组部、中宣部、人力资源和社会保障部、国家公务员局。

第二章　历史沿革：改革开放以来上海市民荣誉制度的发展变迁 / 55

续 表

荣誉奖项级别	荣誉奖项类别	代表性荣誉奖项名称	授予的主要主体（现行）	授予形式	法　律　法　规	上海代表人物
国家级荣誉（中央各部门）	特定时期的特殊奖励	上海世博会先进个人	中共中央、国务院	多为表彰大会	《中共中央、国务院关于表彰中国2010年上海世博会先进集体和先进个人的决定》	上海世博局党委副书记、局长洪浩
上海市级荣誉（市级各部门）	市级最高荣誉（市委市人大市政府市政协）（不分类）	上海市科技功臣	上海市人民政府	多为表彰大会	《上海市科学技术奖励规定》	中国科学院上海有机化学研究所林国强
	科技类荣誉称号	上海青年科技英才	上海市科协	多为表彰大会	《上海青年科技英才评选办法》	同济大学余情情
	社会发展类奖项	上海工匠	上海市总工会	多为表彰大会	《关于在本市开展"上海工匠"培养选树千人计划的实施意见》	新一代知识型工人专家李斌
	体育领域奖项	上海市群众体育工作先进个人	上海市体育局	多为表彰大会	《关于开展上海市群众体育先进单位、先进个人评选表彰活动的通知》	上海市青浦区体育局张仁杰
	教育领域奖项	上海市优秀中青年法学家	上海市法学会	多为表彰大会	《第X届"上海市优秀中青年法学家"评选办法》	华东政法大学王迁

续 表

荣誉奖项级别	荣誉奖项类别	代表性荣誉奖项名称	授予的主要主体(现行)	授予形式	法 律 法 规	上海代表人物
上海市级荣誉	民政慈善类奖项	上海慈善奖	上海市民政局	多为表彰大会	《第×届"上海慈善奖"评选办法》	上海师范大学杨德广
市级奖项(市级各部门)	医学领域奖项	银蛇奖	上海市卫健委、上海市卫生系统青年人才奖励基金会	多为表彰大会	《上海市卫生系统"银蛇奖"评选、奖励办法》	海军军医大学附属长海医院任善成等
	文学领域奖项	上海文学艺术奖	上海市委宣传部、上海市文化和旅游局	多为表彰大会	《第×届"上海文学艺术奖"评选活动公告》	上海音乐学院廖昌永
	武警、公安、军队的奖项	上海公安优秀青年	上海市公安局	多为表彰大会	《关于开展第×届上海公安优秀青年评选活动的通知》	上海市公安局指挥部汪诚斌
	特定时期的特殊奖励	"凝心聚力进博会、巾帼建功创一流"上海市巾帼文明标兵	上海市妇联、市商务委	多为表彰大会	《关于开展"凝心聚力进博会、巾帼建功创一流"立功竞赛活动通知》	上海市交通委执法总队四支队黄莎莎

第二章 历史沿革：改革开放以来上海市民荣誉制度的发展变迁 / 57

续 表

荣誉奖项级别	荣誉奖项类别	代表性荣誉奖项名称	授予的主要主体（现行）	授予形式	法律法规	上海代表人物
其他省区市表彰上海市民的荣誉	其他省区市表彰	宁波市荣誉市民	宁波市人民政府	多为表彰大会	《宁波市荣誉市民条例》《〈宁波市荣誉市民条例〉实施细则》	华东理工大学副校长钱锋
特殊的类别：对外表彰	对外表彰	上海市荣誉市民	上海市人民政府	多为表彰大会	《关于授予外国人"上海市荣誉市民"称号的办法》，后更名为《上海市授予荣誉市民称号规定》	日本冈山县和气町冈山县共同募金会会长藤本道生

资料来源：表格部分内容是根据《中外功勋荣誉制度》的内容完成的，参见张树华、潘晨光等：《中外功勋荣誉制度》，中国社会科学出版社2011年版，第55—151页；部分是通过新闻报道整理而成。注：不含港澳台地区；不包括军队等单位的荣誉；部分法律法规现已废止。

度在上海的实践。2019年8月,党和国家功勋荣誉表彰工作委员会办公室公示了8名"共和国勋章"建议人选、28名国家荣誉称号建议人选。这是在中华人民共和国成立70周年之际,首次开展的国家勋章和国家荣誉称号评选颁授,在国家荣誉历史上具有重要的里程碑式的意义。

国家是荣誉的主要来源和荣誉制度的主要建构者,决定了国家荣誉的权威性、公正性、严肃性。"共和国勋章"和国家荣誉称号评选表彰以共和国的名义表彰功勋,旨在挖掘一批为国家建设和发展做出杰出贡献的功勋模范人物。其中,"共和国勋章"授予为党、国家和人民的事业做出巨大贡献、建立卓越功勋,并且道德品质高尚为群众公认的杰出人士;国家荣誉称号授予在国家经济、社会、国防、外交、教育、科技、文化、卫生、体育等各领域各行业做出重大贡献、享有崇高声誉,并且道德品质高尚为群众公认的杰出人士。"共和国勋章"和国家荣誉称号表彰树立的典型是国家态度的体现、国家精神的彰显、国家意志的表达。

作为庆祝中华人民共和国成立70周年的重要内容之一,集中表彰"共和国勋章"和国家荣誉称号获得者具有以下三个鲜明的特点。

1. "共和国勋章"和国家荣誉称号的获得者是中华人民共和国70年波澜壮阔事业的亲历者和见证者

在受表彰的36人中,年龄最大的是1918年出生的程开甲院士,年龄最小的是1987年出生的申亮亮烈士。其中,1949年以前出生的有29人,1949年至改革开放以前出生的有5人,改革开放后出生的仅有2人。因此,他们中的绝大多数人亲历了革命、建设和改革的各个历史阶段,见证了中华人民共和国70年从站起来、富起来到强起来的波澜壮阔征程。深藏功名的退伍军人张富清见证了共和国从血火中走来,从改革开放走向繁荣富强;19岁主动承担28名孤儿养育任务的都贵玛,用半个世纪的真情付出诠释了大爱无疆,推动了民族团结进步事业;核武器事业的开拓者程开甲与共和国的核武器技术同步成长,建立了中国特色核试验科学技术体系,锻造了改革开放安全屏障……正是他们的经历和见证,才使得中华人民共和国70年的征程显得更加不平凡;也正是他们在不同阶段、不同领域、不同层次上的贡献,才织就了中华人民共和国70年的壮美诗卷。

2."共和国勋章"和国家荣誉称号是所有奋进者追梦路上奋斗足迹的见证

"共和国勋章"和国家荣誉称号的获得不是一蹴而就的,而是众多荣誉累积的;不是偶然的,而是他们事业发展中的必然。受表彰的"共和国勋章"和国家荣誉称号的获得者中,全部都获得过其他重要的荣誉。其中,孙家栋等曾获得"改革先锋"荣誉称号、樊锦诗等曾获得"全国优秀共产党员"荣誉称号、麦贤得等获得"八一勋章"荣誉称号、布茹玛汗·毛勒朵等获得"全国民族团结进步模范个人"荣誉称号、都贵玛等获得"全国三八红旗手"荣誉称号、黄旭华等获得"两弹一星"功勋奖章、于漪等获得"全国先进工作者"荣誉称号。这些荣誉是他们追梦路上的足迹,正是因为他们"荣誉等身",才使得获得"共和国勋章"和国家荣誉称号显得更加顺理成章,这也进一步说明了"共和国勋章"和国家荣誉称号的权威性与等级的最高性。

3."共和国勋章"和国家荣誉称号获得者集中体现了先进性、代表性和时代性的统一

首先,表彰以功绩为导向,坚持最高标准,以实际贡献作为重要评判标准,好中选优,宁缺毋滥,集中体现了国家荣誉表彰的先进性。中华人民共和国第一位诺贝尔生理学或医学奖获得者屠呦呦、填补原子核理论空白的于敏、致力于杂交水稻研究应用与推广的袁隆平、民族歌剧表演体系的建立和为民族演唱艺术的发展做出开拓性贡献的郭兰英、中华人民共和国刑法学的主要奠基者和开拓者高铭暄等佼佼者,集中代表了他们所在领域的先进性。其次,荣誉称号本身是差异化的价值分配,同时决定了"共和国勋章"和国家荣誉称号的获得者需要有一定的代表性。此次表彰兼顾政治派别、民族、地区、职业身份、年龄等,体现了广泛的代表性,旨在表明,为中华人民共和国建设和发展做出杰出贡献的功勋模范人物是全体中华儿女的杰出代表,是在各领域各行业为党和国家,为人民的事业做出巨大贡献的杰出人士。最后,任何时代的国家荣誉都有其固有的时代诉求和逻辑遵循,是时代的见证。因此,在受表彰的36人中,有唯一连任十三届全国人大代表并见

证了中华人民共和国根本政治制度发展变迁的申纪兰,有与共和国文学共同成长的文学创作者王蒙,有扎根边疆巡边护边五十年如一日的布茹玛汗·毛勒朵,有见证香港社会稳定和"一国两制"成功实践的董建华,可以说,他们都是中华人民共和国建设和发展中时代奋进者的时代先锋。

中华人民共和国成立 70 周年的此次表彰,是《中华人民共和国国家勋章和国家荣誉称号法》颁布后首次"共和国勋章"和国家荣誉称号的表彰,集中体现了党的意志、国家态度和民众认同,具有重要的导向性、标志性和标示性意义。主要表现在以下三个方面。

1. 彰显国家精神,凝聚民族共识,汇聚民众认同,为发展提供思想引领、精神力量和人文滋养

"共和国勋章"和国家荣誉称号的获得者是中华人民共和国 70 年奋斗者的集中代表,"共和国勋章"和国家荣誉称号则是中华人民共和国 70 年国家精神的集中体现,彰显国家的历史底蕴、文化魅力和内涵特质。在中华人民共和国成立 70 周年之际,"共和国勋章"和国家荣誉称号的颁授,更是对世俗化、功利化、污名化的一种反击,彰显了国家倡导的价值观。国家的发展需要与时代相适应的国家精神,作为价值载体的国家荣誉,铸造政治象征、构建政治认同、彰显国家精神,是文化软实力的体现,能够为发展提供思想引领、精神力量和人文滋养,提升国家的吸引力、创造力和竞争力。"共和国勋章"和国家荣誉称号,是以党和国家的名义主导的政治行为,承载着国家意志,通过颁授国家荣誉同建同构道德共识,能够增强人们对政治体制的认同感,提升政治生活的凝聚力。

2. "共和国勋章"和国家荣誉称号的颁授,标志着统一、规范、权威的中国特色功勋荣誉表彰制度体系逐步走向成熟定型

"共和国勋章"和国家荣誉称号的颁授,是《中华人民共和国国家勋章和国家荣誉称号法》颁布后,在授予普京和纳扎尔巴耶夫"友谊勋章"、授予景海鹏等人"八一勋章"的基础上,首次以共和国的名义表彰先进。它完善了国家功勋荣誉表彰体系,标志着功勋荣誉表彰制度体系的"四梁八柱"已经搭建形成,统一、规范、权威的中国特色功勋荣誉表彰制度体系逐

步走向成熟定型。作为国家政治制度和中国特色社会主义制度的重要组成部分,功勋荣誉表彰制度是政治正当性、稳定性和正统性的象征。制度问题具有根本性、全局性、稳定性和长期性,成熟定型的中国特色功勋荣誉表彰制度体系,是一整套更完备、更稳定、更管用的制度体系的重要内容之一,是到2020年左右形成系统完备、科学规范、运行有效的制度体系的重要前奏。

3."共和国勋章"和国家荣誉称号的颁授,形成了见贤思齐、崇尚英雄、争做先锋的良好氛围,推动了新时代建功立业再出发

中华人民共和国成立70年以来的发展历程表明,国家的发展兴衰离不开人民群众的参与。以国家荣誉作为桥梁和纽带,通过选树典型,表达国家对社会优秀人士事迹的认可与承认,使得国家倡导的价值观获得社会的认同,将国家的意志与需要通过典型人物与团体传递给普通民众,把褒扬英雄的过程转化为人们自觉参与、自我教育、自我提高的过程,不失为群众参与国家发展的重要途径。此次集中表彰"共和国勋章"和国家荣誉称号,旨在号召全社会在中华人民共和国成立70周年之际,在党的领导下再出发,把榜样的力量转化为人们弘扬爱国奋斗精神、建功立业新时代的实际行动,做新时代建功立业的响应者、参与者、行动者,为把我国建成富强民主文明和谐美丽的社会主义现代化强国而更加努力奋斗。

那么,国家荣誉在上海的实践是如何展开的呢?"人民教育家"国家荣誉称号获得者于漪是上海走出来的杰出代表,本节仅以她为例展开国家荣誉在上海实践的具体说明。

于漪是上海市杨浦高级中学名誉校长,曾任全国语言学会理事、全国中学语文教学研究会副会长。她长期躬耕于中学语文教学事业,坚持教文育人,推动"人文性"写入《语文课程标准》。主张教育思想和教学实践同步创新,撰写数百万字教育著述。许多重要观点被教育部门采纳,为推动全国基础教育改革发展做出了突出贡献。曾荣获"全国三八红旗手""全国先进工作者""改革先锋"等称号。

以下是《中国教育报》对于漪的采访报道,集中体现了她的高尚品格、良

好风尚。所谓"学高为师、身正为范",在于漪获得"人民教育家"国家荣誉称号后,《中国教育报》以"人民教育家于漪"为主题,为我们展现了她的优秀事迹。现将部分内容摘录如下。

> 这是共和国首次颁发"人民教育家"这一国家荣誉称号,于漪作为基础教育界的唯一代表获此殊荣。她的教育事迹和贡献必将永远写在共和国史册上!
>
> 中华民族艰苦奋斗的精神和深厚灿烂的文化使我激动不已,我常为自己是中华民族的一员而感到自豪和骄傲,更始终意识到自己重任在肩,要终身进取,做一名"合格"的教师。——于漪
>
> "树中华教师魂,立民族教育根"是于漪终生奋斗的目标、始终不变的精神追求。"我一个肩膀挑着学生的现在,一个肩膀挑着祖国的未来。""我的理想是做一名合格的教师。所谓合格,就是不负祖国的期望、人民的嘱托。"崇高的信仰,推动着于漪一步一步攀登上教育的"珠穆朗玛"。
>
> 教育是为未来培养人才,要跟着时代前进,怎么会够呢?我鼓足生命的风帆,孜孜不倦地追求,顺境不自傲,受挫更刚强,有使不完的劲。——于漪
>
> "着魔了"三个字,道尽了于漪如痴如醉的教育人生。
>
> 古今中外所有留名史册的一流教育家几乎都具有这样的共性:他们从来不是关在自己的书房里闭门造车、空谈教育,也不是囿于个人之局部经验而沾沾自得,而是在实践中去思考、去发现、去探索科学的教育规律,最终在理论上有所建树,逐步构建起他们的理论体系。——于漪
>
> "'人文说'是我向当今教育贡献出的一颗赤诚之心。"
>
> 从实践中走来的于漪,从"人文说"和"教文育人"的教育教学观出发,逐步构建了完整而系统的语文教育体系,一直延伸到中国语文课堂

教学的前线,扎根本土,直指时弊,具有鲜活的独创性。她用生命唱出了一部地地道道的"中国语文教育学"。

"育人"是大目标,"教书"要为"育人"服务。任何学科教学都应有教育性,有教育性的教学,就赋予知识、能力以灵魂、以意义,能促进学生的发展。

全面发展是实施素质教育最本质的反映。社会文明程度越高,越需要全面发展的人。人的生命体本身也蕴含着全面发展的潜能,教育的任务就是把学生的潜能变成发展的现实。德性与智性是生命之魂。德智体美劳各育应有机融合。

古今中外研究教育的大家都认为教育的本质是完善人的精神世界。现代教育不能忘记教育最终是为人的精神生活服务的。知识和能力是获取精神力量的阶梯,不是精神力量的全部。学生求学读书是为明做人之理,明报效国家之理。如果教出来的学生只知以个人为中心,以追名逐利、享乐为目的,缺少服务国家、服务人民的社会责任感,那是教育的失败,有辱历史赋予的重要使命。

于漪的教育学就是这样,既唱"神曲",又唱"人歌",所以能服人。

一颗狭小的心有浩浩荡荡的学子,有多情的土地,有伟大的祖国,胸怀就会无限宽广,无处不是学习的机会,无处没有智慧的闪光。——于漪

我在几十年的教育工作历程中,克勤克俭,做了一些工作。说到底,我就是坚守了新中国教师的本分。——于漪

《左传》云:"太上有立德,其次有立功,其次有立言,虽久不废,此之谓不朽。""三不朽"一直是中国传统知识分子追寻人生价值和意义的最高标杆。于漪近70年教书育人之"德、功、言"成果蔚为大观,无愧于"人民教育家"国家荣誉称号,必将影响、激励更多后来者。[①]

[①] 《人民教育家于漪》,http://www.jyb.cn/rmtzgjyb/201911/t20191104_271696.html,2019 年 11 月 4 日。

二、上海市民荣誉制度的上海实践：以"上海工匠"为例

上海市民荣誉制度的上海实践指的是只在上海市内开展的荣誉表彰制度。对于一个地区而言，本地区开展的荣誉表彰是相关权力的行使，突出了荣誉表彰的在地性。不同于国家荣誉制度的"全国一盘棋"思想，地方荣誉表彰制度的开展有很大的灵活性，但也正是这样的灵活性部分地造成了地方荣誉制度的纷繁复杂和变动不居。即便如此，地方荣誉制度的开展仍然有着较强的理论与现实意义。本部分将以上海市评选表彰的"上海工匠"作为案例，分析地方荣誉制度的开展逻辑、评选标准和表彰程序等。

自2016年起，根据《关于在本市开展"上海工匠"培养选树千人计划的实施意见》（沪工总经〔2015〕260号）精神，上海市总工会计划用10年时间培养选树1000名"上海工匠"，以增强城市国际竞争力、企业核心竞争力和职工创新能力。通过推荐选拔、宣传引导、培育激励等手段，培养选树一批具有精益求精、严谨细致的高超技艺，追求完美、创造极致的职业精神的"上海工匠"。打造一支加快上海建设科技创新中心和实施"中国制造2025"的高技能人才队伍，建设一支知识型、技能型、创新型的劳动者大军，大力弘扬劳模精神、工匠精神和劳动精神。同时，需为此提供重要的人力资源、智力支撑和舆论引领，进一步提升职工的岗位责任感、职业荣誉感、企业归属感和历史使命感。

选树的"上海工匠"是有条件的，具体包括以下四个方面。一是，具有工艺专长：在从事的岗位和职业中，拥有一技之长或绝技高招，具有丰富的实践经验和理论知识，在实施工艺技术等方面拥有不可替代、至关重要的地位。二是，掌握高超技能：所具备的技能、技艺在本单位、本行业处于领先水平，对标上海，且在全国处于一流水平，同时拥有一定的社会影响力和知名度。三是，体现领军作用：善于解决疑难杂症，善于攻坚克难，能够运用个人技能、技艺带领团队解决实际问题并屡建战功；热心带教徒弟，积极参加"高师带徒"等活动，善于向青年职工普及知识、传授技艺、传播理念、传承精神，乐于帮助并带动身边的职工共同进步、共同成长。四是，做出突出贡献：在本单位、本行业、本系统做出卓越贡献，取得重要成果，在新技术、新

产业、新业态、新模式"四新"领域引领创新,做出突出贡献,取得重要成果。

以2020年度"上海工匠"申报为例,可以清楚地了解到上海市民荣誉制度是如何开展实践的。

1. 申报通知

> **关于开展2020年度"上海工匠"培养选树工作的通知**
>
> 各区局(产业)工会、社团,各位职工:
>
> 为加快推进经济转型升级战略,建设一支知识型、技能型、创新型劳动者大军,根据《关于在本市开展"上海工匠"培养选树千人计划的实施意见》(沪工总经〔2015〕260号)精神,现就开展2020年度"上海工匠"培养选树工作的有关事项通知如下:
>
> 一、申请对象及选树条件
>
> "上海工匠"面向全市各行各业在职职工,重点聚焦先进制造业、现代服务业和战略性新兴产业(集成电路、人工智能、生物医药),适当向新冠肺炎疫情防控一线及科研人员倾斜,重点关注基层、一线、操作岗位职工群体,不受年龄、性别、学历、职级、职称、技能等级、工作年限、荣誉基础等条件限制。
>
> "上海工匠"一般应具有中国国籍,必须是工会会员。同时应满足《关于在本市开展"上海工匠"培养选树千人计划的实施意见》中所列"选树条件"。
>
> 二、申请渠道
>
> 职工可通过单位推荐、社团推荐、个人自荐三种渠道进行申请。应坚持德才兼备、好中选优、公开透明的推荐原则,确保申请对象的先进性和程序的规范性。
>
> 通过单位或社团推荐的申请对象需认真填写《2020年度"上海工匠"申报审批表》(附件1),同时应将身份证、工会会员服务卡、各类证书(奖状)等相关附件材料复印件(身份证正反面复印在一张纸上),报送至推荐单位工会或社团。

（一）单位推荐。相关单位通过上海工会网上工作平台或上海职工科技创新网进行申报,相关区局（产业）工会应严格按照选树条件,对申报资料进行资格审核。

（二）社团推荐。专业学会、行业协会等社会团体可推荐各自行业或技术领域中的优秀人才,并通过上海职工科技创新网进行申报（账户名和密码由选树申报办公室统一生成,从"社团推荐"渠道申报）。如尚未成为工会会员,则须通过"申工社"微信"我要入会"完成个人入会程序后再行申报。

（三）个人自荐。职工个人可通过"申工社"微信进行申报。如尚未成为工会会员,则须转入"我要入会"完成个人入会程序后再行申报。

《2020年度"上海工匠"申请流程和审核程序》详见附件2。

三、审核程序

（一）资格审查

经由单位推荐的申请对象由推荐单位进行资料提交,区局（产业）工会对照申报条件和要求进行资格审核,确认是否符合申报资格;经由社团推荐的申请对象由社团进行资料提交,同时应征求申请对象所在区局（产业）工会的意见,并书面确认是否符合申报资格;个人自荐的申请对象由个人进行资料提交,但需通过上海工匠培养选树申报办公室组织实施的相关资格审核程序,在征求其所在区局（产业）工会意见后,进入下阶段评选程序。

（二）专家复审

由上海工匠培养选树申报办公室组织相关领域知名专家,按照"能力核心,以用为本,高端引领,整体推动"的人才发展指导方针,对标上海创新转型和产业结构提升对技能人才的发展需求,开展综合评审。

（三）评审发布

由上海工匠培养选树申报办公室组织,邀请相关领域知名专家、委办局领导、行业协会、社会组织、网络媒体等各方面人员组成专家评审会,依据上海市职业技能鉴定项目目录,分类、分场组织评审发布会,产生"上海工匠"候选人名单。

(四)市总审定

由上海市总工会牵头,以每场发布会成绩为基础,重点聚焦先进制造业、现代服务业和战略性新兴产业,适当向新冠肺炎防控一线及科研人员倾斜,重点关注基层、一线、操作岗位职工群体;与市相关部门联合开展审核,通过上海市公共信用信息服务平台对候选人进行诚信审核;经由市总工会主席办公会议讨论审定"上海工匠"候选人名单。

(五)社会公示

通过上海市总工会网站、"申工社"微信、劳动报等官方渠道公布"上海工匠"候选人名单,面向社会进行公示,确定"上海工匠"最终人选。

四、选树命名

"上海工匠"最终人选将由市总工会授予"上海工匠"荣誉称号,并颁发"上海工匠"大铜章、证书和奖金。

五、工作要求

(一)各区局(产业)工会、社团应高度重视,加强组织领导,明确培养选树"上海工匠"是培养高技能人才,推进上海产业工人队伍建设改革和上海科创中心建设,为推进上海加快落实三项新的重大任务、建设"五个中心"、打响"四大品牌",支撑中国制造、中国创造的重要基础。要面向一线,严格审核把关,认真做好工匠选树工作的宣传发动和组织动员,弘扬工匠精神,营造精益求精的敬业风气。

(二)各区局(产业)工会、社团应结合区域、行业发展实际,开展各自地区或系统的工匠培养选树工作,精心培育、发掘具有工艺专长、掌握高超技能、体现领军作用、做出突出贡献的本系统、本地区工匠。

(三)各区局(产业)工会、基层单位工会要把好审核关,指导职工按照申报条件和相关要求如实申报,《申报审批表》不得缺项、漏项。推荐的申报材料须完整、真实、客观,一经发现存在瞒报、虚报等不实情况,当即取消参评资格,3年内不再接受该单位或个人的申报。

(四)各区局(产业)工会及社团应于2020年5月28日前完成网上申报工作,同时将《2020年度"上海工匠"申报审批表》原件(附件1)、身份证、工会会员服务卡、各类证书(奖状)等相关附件材料复印件(均一式三份)、《"上海工匠"培养选树工作情况统计表》(附件3)和本地区、本系统、本行业开展工匠选树工作的方案等汇报材料(均一份),一并书面报送至上海工匠培养选树申报办公室。

联系人:陆卫超(受理审核事宜)电话:55885591

陈志渊(申请系统事宜)电话:55885659

叶懿(政策咨询事宜)电话:63211939*4101

联系地址:曹杨路147号205室邮编:200063

E-mail:shgjxsbgs@126.com

(五)申报网址:

上海工会网上工作平台(http://sgt.shzgh.org/)或上海职工科技创新网(http://www.shzgkc.org/),其中《2020年度"上海工匠"申报审批表》和《"上海工匠"培养选树工作情况统计表》可在上海市总工会网站(http://www.shzgh.org/)和上海职工科技创新网(http://www.shzgkc.org/)下载。

附件:

1. 2020年度"上海工匠"申报审批表

2. 2020年度"上海工匠"申请流程和审核程序

3. "上海工匠"培养选树工作情况统计表

上海工匠培养选树申报办公室

(上海市职工技术协会办公室代章)

2020年4月15日[1]

---

[1] 《关于开展2020年度"上海工匠"培养选树工作的通知》,http://www.spcsc.sh.cn/renda/node5902/node18792/u1ai6259012.html,2020年4月15日。

2. 申请流程

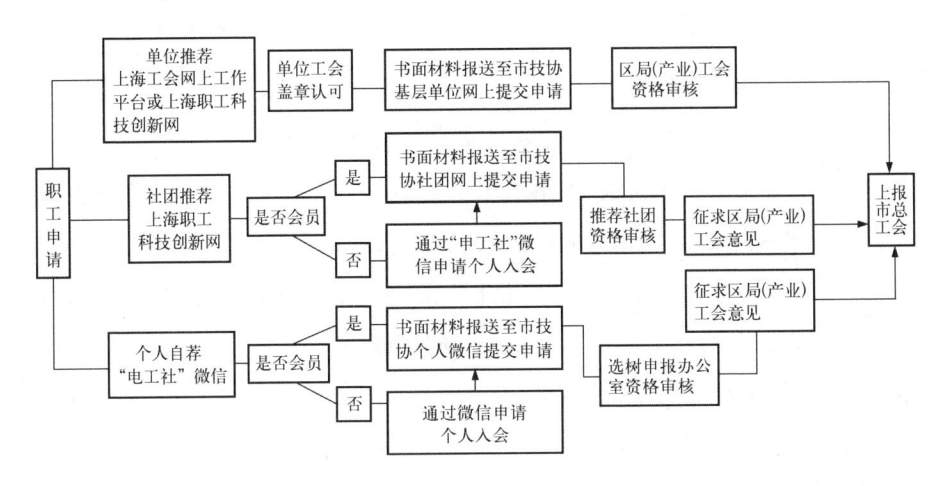

```
职工申请
├─ 单位推荐 上海工会网上工作平台或上海职工科技创新网 → 单位工会盖章认可 → 书面材料报送至市技协基层单位网上提交申请 → 区局(产业)工会资格审核 → 上报市总工会
├─ 社团推荐 上海职工科技创新网 → 是否会员
│     ├─ 是 → 书面材料报送至市技协社团网上提交申请 → 推荐社团资格审核 → 征求区局(产业)工会意见 → 上报市总工会
│     └─ 否 → 通过"申工社"微信申请个人入会
└─ 个人自荐"电工社"微信 → 是否会员
      ├─ 是 → 书面材料报送至市技协个人微信提交申请 → 征求区局(产业)工会意见 → 选树申报办公室资格审核 → 上报市总工会
      └─ 否 → 通过微信申请个人入会
```

3. 审核程序

上报市总工会 → 专家复审 → 评审发布 → 市总审定 → 社会公示 → 授予"上海工匠"称号

4. 评选表彰

2021年1月6日举行的2020年"上海工匠"选树命名大会上,98名上海匠人受表彰,获颁"上海工匠"大铜章。他们平均年龄47岁,最大60岁、最小33岁,平均工作年限22.5年,涵盖机械(如来自上海机床厂有限公司的李云龙)、电力(如来自国网上海市北供电公司的韩浩江)、钢铁(如来自上海宝冶工程技术有限公司的魏金龙)、船舶(如来自上海船舶工艺研究所的陈强)、航天(如来自中国航空无线电电子研究所的周杰)、汽车(如来自上海汽车集团股份有限公司乘用车分公司的张荣新)、通信(如来自中国移动通信集团上海有限公司的刘璐)、石化(如来自中石化上海石油化工股份有限公司烯烃部的唐宝平)、建筑(如来自中建八局装饰有限公司的罗永增)、水利(如来自华维节水科技集团股份有限公司的吕名礼)、交通运输(如来自上海交运隆嘉汽车销售服务有限公司的陶亚辉)、医疗卫生(如来自上海市胸科医院的罗清泉)、文化(如来自上海杂技团有限公司的王怀甫)、教育(如来自同济大学附属东方医院的徐美东)、科技(如来自达而观信息科技(上海)

有限公司的陈运文]等领域。他们中有69人为产业工人，占总数的70%。值得关注的是，这批"上海工匠"中，涉及集成电路、人工智能和生物医药三大先导产业的有50人，占总数的51%。譬如，来自上海复旦微电子集团的产品经理董艺，他研制的国内首款自主设计抗辐照加固FLASH存储器芯片，运用于北斗卫星导航系统，解决了国家战略性"卡脖子"需求；来自上海上药新亚药业的副总经理商鼎，在"限抗令"的大环境下，面对国内对优质抗生素产品的需求，实施头孢制剂产业化项目，通过自主创新成果的产业化，将最新的生产技术同时应用于传统品种及新品种，为我国头孢品种产业现代化、标准化、国际化发展营造了良好的示范效应，注射用头孢曲松钠等6个产业化项目则被认定为上海市高新成果转化项目。从技能水平看，2020年"上海工匠"中有30名职工既是高级技师或技师，又是工程师，属于"双师型"职工，占总数的30.6%。从创新能力看，98人中有56人拥有专利，占总数的57.1%。[①]

三、其他省区市表彰上海市民的荣誉：以宁波市荣誉市民为例[②]

荣誉市民是某地授予在本地做出突出贡献的其他省区市、国外等居民的最高荣誉，突出地表达了本地区所要追求的精神价值观。2022年以前，

[①] 上述内容由新闻网站报道改编而成，具体可以参见《98名2020年"上海工匠"揭晓，看看有没有你认识的（附名单）》，https://web.shobserver.com/wx/detail.do?id=329408，2024年7月4日。

[②] 实施这一荣誉的法规《宁波市荣誉市民条例》已经于2023年宁波市第十六届人民代表大会常务委员会第十一次会议通过的《宁波市人民代表大会常务委员会关于废止〈宁波市荣誉市民条例〉的决定》予以废止，可以参见《宁波市人民代表大会常务委员会关于废止〈宁波市荣誉市民条例〉的决定》，《宁波日报》2023年8月10日。考虑到上海市民荣誉制度的完整性，本书依然采用《宁波市荣誉市民条例》生效内的荣誉实践。不过，有意思的是，2022年10月，根据第十三届全国人民代表大会第五次会议《关于修改〈中华人民共和国地方各级人民代表大会和地方各级人民政府组织法〉的决定》相关规定，废止1997年1月15日上海市第十届人民代表大会常务委员会第三十三次会议通过、1998年8月18日上海市第十一届人民代表大会常务委员会第四次会议修订的《上海市授予荣誉市民称号规定》，相关工作由市人民政府按照国家相关规定执行并制定相应文件予以规范。这似乎是一个趋势，重庆（2022年12月）等多个城市相继废止了荣誉市民的法律法规，这一现象值得关注。宁波于2023年5月发布了《关于征求〈宁波市荣誉市民称号授予办法（暂行）〉（征求意见稿）意见的公告》，制定了《宁波市荣誉市民称号授予暂行办法》，于2023年8月1日起实行。其他城市是否会据此安排，还不得而知。

全国多个省区市开展了荣誉市民的评选表彰工作,其中,多位上海市民获得了相关的荣誉。在此,我们仅以宁波市荣誉市民的评选表彰为例,介绍其他省区市表彰上海市民的荣誉。

1993年4月,宁波市第九届人大常委会通过《宁波市荣誉市民称号授予办法》,后经过4次修改,被定名为《宁波市荣誉市民条例》,对规范宁波市荣誉市民的授予工作发挥了积极作用,后于2023年7月被废止。截至2021年年末,已有211位人士获此荣誉,他们是振兴宁波的主力、建言宁波的诤友、推介宁波的大使[①]。

本书选取2019年宁波市荣誉市民的获得者作为论述对象,说明宁波市荣誉市民的评选表彰条件和程序等。

(1) 2019年7月16日,宁波市人民政府市长裘东耀主持召开市政府第63次常务会议,听取了关于2019年宁波市荣誉市民推荐工作情况的汇报。[②]

(2) 宁波市十五届人大常委会第四十六次主任会议听取了民宗侨外工委主任伊敏芳关于常委会听取和审议市政府关于提请授予埃米尔·博克等25位人士为宁波市荣誉市民称号议案有关准备事项的汇报,并进行了研究。[③]

(3) 宁波市十五届人大常委会举行第二十三次会议,决定授予埃米尔·博克等25位人士"宁波市荣誉市民"称号。[④]

在此次表彰授予中,华东理工大学副校长钱锋院士获得"宁波市荣誉市民"称号。按照宁波市人大常委会主任余红艺的说明,本次授予25位人士"宁波市荣誉市民"称号,是2018年1月1日《宁波市荣誉市民条例》实施后,第一次集中开展的称号授予工作。25位荣誉市民对宁波市的经济建设、社会发展、科技进步和对外交流与合作做出了突出贡献。这项工作的开

---

① 由于宁波市荣誉市民每两年授予一次,《宁波市荣誉市民条例》于2023年7月被废止,故而2023年未再开展宁波市荣誉市民授予工作。
② 《2019年7月份政务记事》,http://www.ningbo.gov.cn/art/2019/8/26/art_1229096054_53027203.html,2019年8月26日。
③ 《宁波市十五届人大常委会第四十六次主任会议纪要》,http://www.nbrd.gov.cn/art/2019/9/4/art_3031_3949953.html,2019年8月19日。
④ 《宁波市十五届人大常委会举行第二十三次会议》,http://www.nbrd.gov.cn/art/2019/8/26/art_2601_3902271.html,2019年8月23日。

展,对于进一步擦亮"宁波帮"金字招牌,广泛凝聚"宁波帮"和"帮宁波人士"的智慧和力量,扩大宁波市在海内外的知名度、美誉度和影响力、辐射力,更好地助力宁波经济社会发展,有着重要意义[①]。值得一提的是,此次表彰授予之后,宁波市为了讲述"一群人与一座城市的故事",于2021年2月19日在宁波帮博物馆举行了"宁波市荣誉市民"荣誉馆开馆仪式。"宁波市荣誉市民"荣誉馆以宁波市市花——茶花为设计理念,茶花"咏芳"寓意荣誉市民为这座城市吐露芬芳、贡献力量,也蕴含着"宁波帮"和"帮宁波人士"特有的人文精神。展馆分为"事件篇——合力兴宁波""人物篇——襄助遍寰宇"两个部分。"人物篇"矗立在中间,构成"花蕊","事件篇"错落有致簇拥在四周,构成"花瓣"。也许,这是对待其他省区市、国外居民对宁波发展贡献的最好表彰。

四、特殊的类别:以白玉兰系列奖为例[②]

白玉兰系列奖是由白玉兰纪念奖、白玉兰荣誉奖、上海市荣誉市民三个等级构成的。上海市荣誉市民与上海市民荣誉是不一样的,前者是长期居住在上海的外国人、华侨和市外其他人士[③]所获得的荣誉,后者是上海市民所能获得的荣誉。由于白玉兰系列奖的重要性,本书对此单独进行了梳理。

1. 白玉兰系列奖的介绍

1987年,在国家外国专家局举行的一次会议上,上海市政府外办提议:随着改革开放的不断深化,来沪的外国专家逐年增多,他们为上海的经济建设和社会发展做出了大量贡献,上海能否设立地方性奖项,表彰这些外国专家的工作和成绩。1989年1月起,经国家外国专家局批准,上海市政府外办开始筹备第一次对外表彰典礼,并特制了正面印有上海市花白玉兰、背面印有上海地标外滩景色的铜制纪念奖牌。这是上海市白玉兰系列奖项的开

---

① 《余红艺主任在市十五届人大常委会第二十三次会议结束时的讲话摘要》,http://www.nbrd.gov.cn/art/2019/8/26/art_7241_4094561.html,2019年8月26日。
② 本小节内容的初稿源于我在华东政法大学工作期间指导的本科学生李均昊撰写的毕业论文,选入本书时进行了较大幅度的修改和数据的更新。特此感谢已经就职于云南省昆明市晋宁区人民法院的李均昊同学。
③ 在实践过程中基本都是外籍人士。

第二章　历史沿革：改革开放以来上海市民荣誉制度的发展变迁　/　73

端,也是"白玉兰荣誉奖""上海市荣誉市民"这两个对外表彰奖项的前身。1992年,上海确立并完善了"白玉兰纪念奖""白玉兰荣誉奖"两个等级的白玉兰奖表彰制度。外籍人士在获得"白玉兰荣誉奖"之前,一般要在此前年度获得"白玉兰纪念奖"。1993年1月18日,时任市长黄菊在市政府向9位外国专家第一次正式颁发了"白玉兰荣誉奖"。1997年,上海市对外籍人士表彰的最高荣誉奖项——"上海市荣誉市民"称号诞生。申报"上海市荣誉市民"称号的外籍人士应较"白玉兰荣誉奖"的获得者更具有杰出重大贡献、更有广泛的社会认可度或国际影响力。1997年1月15日,上海市第十届人民代表大会常务委员会第三十三次会议审议通过了《关于授予外国人"上海市荣誉市民"称号的办法》,制定了授予外国人荣誉市民的办法。1998年8月18日,上海市第十一届人民代表大会常务委员会第四次会议修改此办法为《上海市授予荣誉市民称号规定》,增加了华侨和市外其他人士作为授予对象,细化了授予条件。由此,上海市构建了"白玉兰纪念奖""白玉兰荣誉奖""上海市荣誉市民"三个等级的白玉兰系列奖项。

　　白玉兰系列奖项是上海市人民政府和上海人民对长期居住在上海的外国人、华侨和市外其他人士(主要是外国人)在上海市发展进程中所做出的功绩的肯定,也是对所有关心、支持上海发展的外籍人士的真诚感谢和敬意。自"白玉兰纪念奖"设立起算,上海市白玉兰系列奖已然走过三十多个年头。白玉兰系列奖项在三十多年来的发展历程中,每年由上海市政府外办牵头,召开上海市对外表彰评审联席会议,评审各类奖项的正式候选人,并交由市政府和市人大常委会审核,审核通过后由上海市市长亲自颁发。第一次申报须是"白玉兰纪念奖",而"白玉兰荣誉奖"一般在"白玉兰纪念奖"的获得者中遴选,"上海市荣誉市民"则一般在"白玉兰荣誉奖"的获得者中遴选。"白玉兰纪念奖""白玉兰荣誉奖"与"上海市荣誉市民"称号一同构成了上海市对外表彰系列奖项。截至2023年12月20日,已有1 416位外籍人士获得"白玉兰纪念奖"、340位外籍人士获得"白玉兰荣誉奖"、49位外籍人士获得"上海市荣誉市民"称号。他们来自不同的国家和地区,从事着不同的工作,怀抱着不同的抱负,却一同为上海这座城市的繁荣昌盛做出非凡的贡献：他们来自经济贸易、对外交流、公益、科研、教育、文化、卫生、环保等多个领域，为上海经济建设和城市发展添砖加瓦、付出力量，为上海与世界各地开展合作与交流搭建桥梁、创造机遇。白玉兰奖走过的这风雨三十年，已然成为上海这座大都市表彰外籍友人对于上海市的繁荣发展所发挥的影响力，并不断吸引和接纳外籍友人来沪创造个人价值的体现。以白玉兰奖获得者为代表的国际友人们在上海这片沃土上蓬勃兴起，成为各行各业发展的丰碑，也成为上海这座城市的荣耀。不只是荣誉，2019 年上海市人大会议期间，2012 年"上海市荣誉市民"、土耳其担保银行股份公司上海代表处首席代表诺扬·罗拿，2014 年"上海市荣誉市民"、中国商用飞机有限责任公司特聘专家米克拉，2016 年"上海市荣誉市民"、上海罗氏诊断产品有限公司总经理黄柏兴等三位"上海市荣誉市民"代表受邀列席市人代会开幕式[1]，这是上海这座城市对于"上海市荣誉市民"的重要礼遇。

2019 年，时任上海市政府外办办公室主任的李铭俊在新闻报道和访谈中提及："这些获奖者，都是为上海经济建设和社会发展做出积极贡献的境外友人。他们与上海经济建设和社会发展的轨迹融为一体，上海便用最美丽的市花，向他们致谢。一直以来，本市对外表彰工作推崇精神鼓励，没有物质奖励，仅向获奖者颁发相应证章和证书，颁奖仪式也很简朴。但所有的获奖者莫不全家盛装前来，有的甚至从海外专程赶来。在之后的走访中，我们看到获奖者往往将获得的证章、证书放在家中或者办公室最显眼的位置。很多人曾这样说：'上海对我们的尊重让我们倍感激动，也让我们对与上海的合作充满信心。'事实上，上海迈向未来的每一步努力中，都时时闪现外国友人的身影。时任美国国际集团董事长的格林伯格是首批'上海市荣誉市民'，在 2003 年上海抗击'非典'关键时刻专程返回上海予以帮助，2007 年他又向上海特奥会组委会个人捐赠 200 万美元以表支持。1999 年的'上海市荣誉市民'，上海罗氏制药有限公司前总经理威廉·凯乐参加上海的申博团，亲赴巴黎以普

---

[1] 《首次！三位上海市荣誉市民代表受邀列席市人代会开幕式》，http://www.spcsc.sh.cn/n1939/n4514/n5647/n5658/n5660/u1ai183492.html，2019 年 1 月 28 日。

通上海市民的身份发表演讲。还有上海克虏伯不锈钢有限公司总经理麦贺法获'白玉兰荣誉奖'后,将该公司生产的第一批钢卷拍卖后获得的138万元捐给了上海市盲童学校,之后他又获得了'上海市荣誉市民'称号。还有2012年的荣誉市民,土耳其人诺扬·罗拿在2005年获得'白玉兰荣誉奖'后,一直积极为上海的世博会筹办和长宁区创建全国文明城区做贡献,成为远近闻名的'洋啄木鸟'和社区义工。他们,已然是上海的一分子,上海亦以他们为荣。"[①]可见,白玉兰系列奖的评选对于上海城市发展起到了重要的作用。

2. 白玉兰系列奖评选的现状：以"白玉兰荣誉奖"为例

相较于"白玉兰纪念奖"而言,"白玉兰荣誉奖"获得难度较大,在1 416名"白玉兰纪念奖"的获得者中,仅有340人获此荣誉,而"上海市荣誉市民"则更难以获得,仅有49人获得。因而,选择处于第二等级对外表彰的"白玉兰荣誉奖"作为案例,更能展示上海对外表彰的说服力。

(1) 1993—1999年"白玉兰荣誉奖"获得者所属领域及获奖人数

从1993年"白玉兰荣誉奖"初设到1999年,共有78名外国友人获奖。按照获奖者所在的领域,划分情况如图2.1所示。

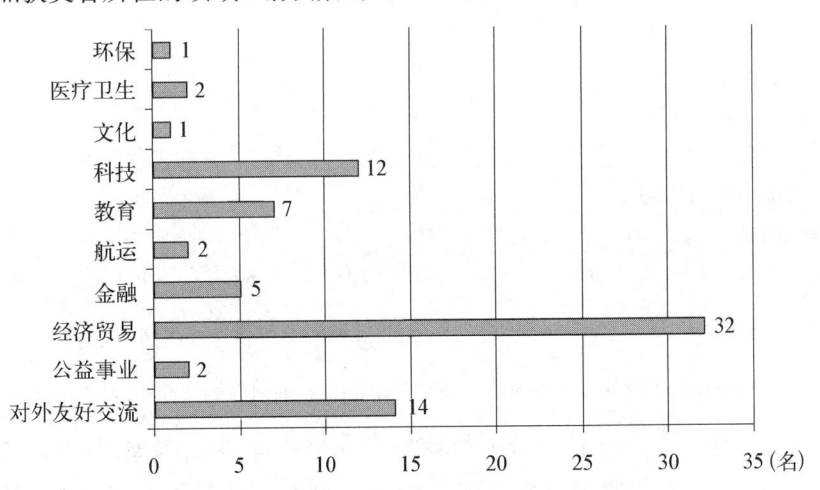

领域	人数
环保	1
医疗卫生	2
文化	1
科技	12
教育	7
航运	2
金融	5
经济贸易	32
公益事业	2
对外友好交流	14

图2.1 1993—1999年"白玉兰荣誉奖"获得者所属领域及获奖人数

[①] 《我们为什么要设立白玉兰奖——访上海市人民政府外事办公室主任》,http://sh.eastday.com/m/20120929/u1a6894390.html,2019年9月29日。

按照"白玉兰荣誉奖"获奖者的划分情况,1993—1999年间上海市政府对外表彰的重点领域为:经济贸易、对外友好交流、科技、教育和金融。其中"白玉兰荣誉奖"大多颁发给促进上海市经济建设和为上海市开拓国内外市场贡献突出的外籍友人。迈克尔·伯利则是唯一在环保领域做出成绩从而荣获"白玉兰荣誉奖"的外籍友人。[①]

从"白玉兰荣誉奖"得主在各领域的分布情况与上海市政府在各领域的发力情况的比较中,可以发现,在上海市发展的扩大开放阶段,"白玉兰荣誉奖"的颁发标准和上海市政府在政治、经济、文化等领域的发力情况基本一致。

(2) 2000—2012年"白玉兰荣誉奖"获得者所属领域及获奖人数

从2000年到2012年,共有159名外国友人获"白玉兰荣誉奖",按照获奖者所在的领域,划分情况如图2.2所示。

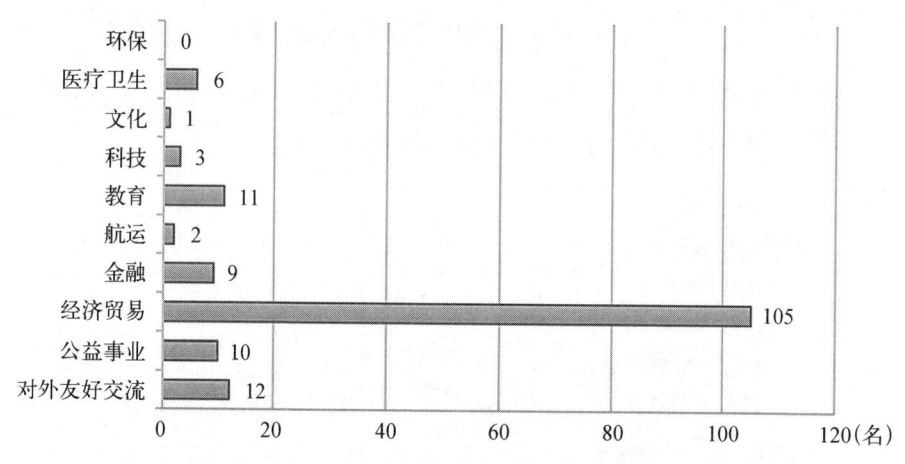

领域	人数
环保	0
医疗卫生	6
文化	1
科技	3
教育	11
航运	2
金融	9
经济贸易	105
公益事业	10
对外友好交流	12

图2.2 2000—2012年"白玉兰荣誉奖"获得者所属领域及获奖人数

从数据可以看出,在2000—2012年间,上海市政府在颁发"白玉兰荣誉奖"时,优先考虑的是经济贸易领域表现突出的外籍人士,159名获奖者中,有105名获奖者是来自经济贸易领域的。此外在对外交流、教育和金融领域,上海市政府也十分重视,总共有32名获奖者来自这三个

[①] 2022年1月,复旦大学环境科学与工程系教授玛丽·哈德获颁2021"白玉兰荣誉奖"。

领域。

从"上海城市总体规划"可以看出,上海市发展的全面开放阶段,其重点发力领域应当是经济贸易、金融和航运。此外,2001年是中国加入世界贸易组织的一年,同时也是上海申办世博会的时间节点,因此上海市在这一阶段更加重视对外交流。从"白玉兰荣誉奖"得主在各领域的分布情况与上海市政府在各领域的发力情况的比较中,可以看出在此阶段,"白玉兰荣誉奖"的颁发标准和上海市政府在经贸、对外交流和金融这三个领域的发力状况基本一致,但是在航运领域,"白玉兰荣誉奖"的获得者只有2名,与上海市政府对航运领域的重视程度相差巨大。

(3) 2012—2017年"白玉兰荣誉奖"获得者所属领域及获奖人数

从2012—2017年,共有51名外国友人获"白玉兰荣誉奖",按照获奖者所在的领域,划分情况如图2.3所示。

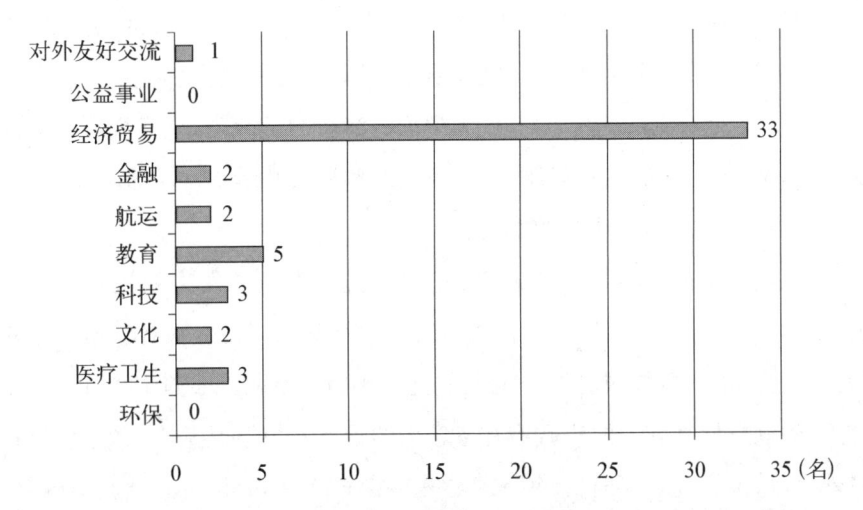

领域	人数
对外友好交流	1
公益事业	0
经济贸易	33
金融	2
航运	2
教育	5
科技	3
文化	2
医疗卫生	3
环保	0

图2.3 2012—2017年"白玉兰荣誉奖"获得者所属领域及获奖人数

在2012—2017年间,"白玉兰荣誉奖"依旧十分注重经济贸易领域,51名获奖者中有33名获奖者来自这一领域。公益事业和环保领域无一外籍人士获奖,同时从图2.3可以看出,上海市外办在评选"白玉兰荣誉奖"的时候,对其他几个领域的关注也不多。在历届获奖者名单中,公益事业领域的数据十分有特点。1993年以来,一共有12名获奖者来自公益事业领域,但是2013年后,就没有公益事业领域的外籍友人荣获"白玉兰荣誉奖"了。准确来说,是上海市改革开放进入突破发展阶段后,公益领域的外籍人士就没有人再获得"白玉兰荣誉奖"。

此外,2013年8月,国务院正式批准设立中国(上海)自由贸易试验区,从它成立之日起,就注定要肩负起为国家战略服务的使命:不仅要为当时上海城市规划中的"四个中心"建设,以及上海的全球科技创新中心建设服务,还要为"一带一路"倡议、"长江经济带"等国家战略建设提供服务。在这些战略的指导下,自贸区发挥了"引领、辐射、聚集、带动"的作用,其改革创新,注定是一场与上海市的国际经济、贸易、金融、航运以及科技创新中心建设的联动;其开放发展,注定是一场对内、对外经济合作的协作,与"一带一路"共建、"长江经济带"建设的联动。其背后都是实体经济寻求的支持,需要通过自贸区这个平台吸取更大的能量,发挥更大的效应,为国家战略发展注入更多的活力与动力。自2013年中国(上海)自由贸易试验区设立后,上海市发展进入了一个全新的突破阶段,以上海外高桥保税区为主干,辅之以机场保税区、洋山港、临港新城,成为中国经济新的试验田,全面推进政府职能转变,推进金融制度、贸易服务、外商投资和税收政策等多项改革措施,以促进上海市转口、离岸业务的发展。

可以说,上海改革开放进入全面突破阶段,重点的发力领域是经济贸易、金融、航运、对外交流、科技。而从"白玉兰荣誉奖"得主在各领域的分布情况与上海市在各领域的发力情况的比较中,可以看出,此阶段"白玉兰荣誉奖"的颁发标准和上海市政府在各领域的重点发力情况基本一致,但是在对外交流、金融、航运和科技领域,"白玉兰荣誉奖"的获得者总共只有8名,还不到总获奖人数的五分之一。

(4) 2018—2022年"白玉兰荣誉奖"获得者所属领域及获奖人数

2018—2022年间,共有52名外国友人获"白玉兰荣誉奖",按照获奖者所在的领域,划分情况如图2.4所示。

2018—2022年间,"白玉兰荣誉奖"得主有四成来自经济贸易领域,航运领域没有一位获得上海市"白玉兰荣誉奖"。值得注意的是,医疗卫生领

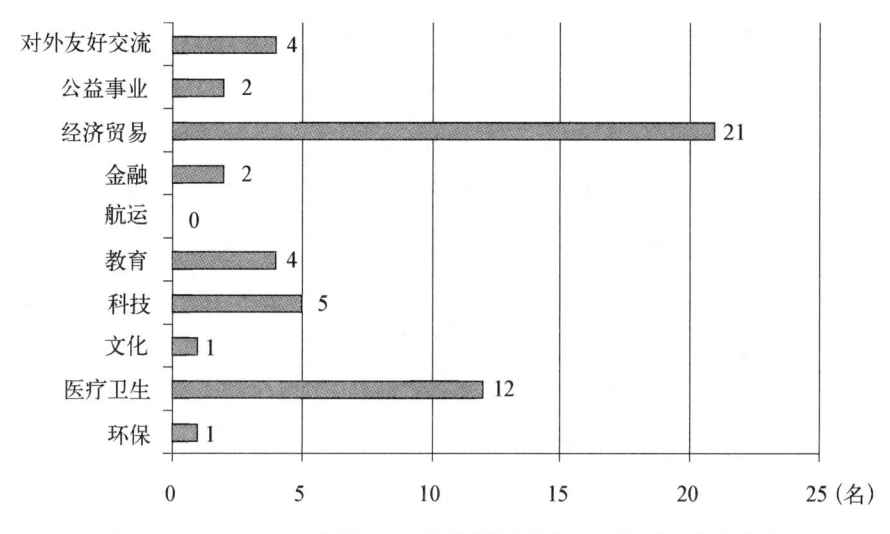

第二章　历史沿革：改革开放以来上海市民荣誉制度的发展变迁 / 79

领域	人数
对外友好交流	4
公益事业	2
经济贸易	21
金融	2
航运	0
教育	4
科技	5
文化	1
医疗卫生	12
环保	1

图 2.4　2018—2022 年"白玉兰荣誉奖"获得者所属领域及获奖人数

域的获奖人数远超前三个时期，这与新冠肺炎疫情的暴发紧密相关。这些获奖者无一不是在其医疗卫生领域发挥专业优势，为抗击疫情提供了重要支持。2017 年 12 月 15 日，《上海市城市总体规划（2017—2035 年）》获得国务院批复原则同意。规划明确上海的城市性质为：我国的直辖市之一，长江三角洲世界级城市群的核心城市，国际经济、金融、贸易、航运、科技创新中心和文化大都市，国家历史文化名城，并将建设成为卓越的全球城市、具有世界影响力的社会主义现代化国际大都市。值得注意的是，在城市转型阶段，上海市应当全方位发展，补齐短板，彰显优势，在重点领域发展的同时，还应注重文化、生态等领域。对比 2012—2017 年的数据可知，2018—2022 年间"白玉兰荣誉奖"的颁发情况与上海市政府在各个领域的发力情况趋于相似，对外友好交流、公益事业、科技和环境领域获奖的外籍友人在总人数中的比例在增加，而在经济贸易领域获奖的外籍友人在总人数中所占比例在减小。总体而言，"白玉兰荣誉奖"的颁奖标准趋近于上海市的发展规划。

3. 白玉兰系列奖最高荣誉的评奖标准与程序：以"上海市荣誉市民"为例

"上海市荣誉市民"是白玉兰系列奖的最高荣誉，设立迄今仅有 49 人获此荣誉,评奖标准与程序较为严格。按照1998年8月18日上海市第十一届人民代表大会常务委员会第四次会议修改的《上海市授予荣誉市民称号规定》,"上海市荣誉市民"增加了华侨和市外其他人士作为授予对象,细化了授予条件。具体而言,具备下列条件之一的外国人、华侨和市外其他人士,可以被授予"上海市荣誉市民"称号:推进本市对外交往,建立友好城市关系,开展交流合作贡献突出的;为本市制订城乡发展计划,环境、资源保护和重大技术政策方面提出重要建议贡献突出的;促进本市经济建设和高新技术发展贡献突出的;为本市开拓国内外市场,促进经贸活动贡献突出的;为发展本市科学、教育、文化、卫生、体育事业贡献突出的;资助本市发展社会公益事业和慈善事业贡献突出的;其他方面贡献突出的。以日本冈山县共同募金会会长藤本道生为例,他本人近30年来一直致力于中日友好事业发展,长期不渝地促进嘉定区与和气町两地间的经济社会等各项事业交流,于1996年荣获上海市"白玉兰荣誉奖",并于2018年获得"上海市荣誉市民"称号。以下将选取他被授予"上海市荣誉市民"的流程文件,对"上海市荣誉市民"的评选表彰标准与程序做大致说明。

(1)通知

> **关于开展2018年度本市对外表彰推荐申报工作的通知**
>
> 各有关单位:
>
> 　　2018年是贯彻党的十九大精神的开局之年,是改革开放40周年以及实施"十三五"规划承上启下的关键一年。为做好2018年度上海市"白玉兰纪念奖"、"白玉兰荣誉奖"和"上海市荣誉市民"评选工作,推动对外表彰工作更好地服务我市经济建设和社会发展,现将相关推荐申报事项通知如下:
>
> 　　一、申报条件
>
> 　　被推荐人选应符合以下要求:对华坚定、长期友好;享有良好社会声誉和公众形象;长期从事与上海的交流合作,在上海经济建设和上海发展各领域与我开展务实合作并取得突出成绩,为推动上海对外交往、

提升社会国际影响力作出突出贡献。同时,需符合以下条件:

1."白玉兰纪念奖"和"白玉兰荣誉奖"授予对上海经济建设、社会发展和对外交流与合作作出重大贡献的外籍人士。"白玉兰纪念奖"人选一般应在沪长期工作满两年以上,或与上海开展长期友好合作交流五年以上有突出贡献者;"白玉兰荣誉奖"人选一般应为曾获得"白玉兰纪念奖"后满两年以上,或继续与上海开展长期友好交流三年以上并作出新的突出贡献者。

各推荐单位应结合上海"五个中心"建设、"长三角"一体化发展、自贸区建设、供给侧改革等重点工作,在本系统、本单位范围内认真挑选涉及经济、金融、贸易、航运、教育、科技、文化、卫生、环保以及对外友好交流等领域的合适人选。同时,也要关注那些在本市工作、生活多年或长期与我市开展友好交流合作、扎根基层、身处一线并取得显著成绩的外籍人士。

2."上海市荣誉市民"称号授予对上海经济建设、社会发展和对外交流与合作作出杰出贡献的外国人、华侨和市外其他人士。"上海市荣誉市民"人选应较"白玉兰荣誉奖"获得者更有杰出的重大贡献、更为广泛的社会认可度或国际影响力。

二、申报程序

本市局级主管部门及各区政府接到本通知后,请将有关要求通知至相关基层单位,并统筹做好本系统今年的申报组织工作。

1."白玉兰纪念奖"由基层单位推荐申报,填写《白玉兰纪念奖申请表》一式2份(可附其他推荐材料),经主管或分管领导签署、单位盖章后上报局级主管部门或各区政府;局级主管部门及各区政府填写评语及审核意见,并由主管或分管领导签署、单位盖章后报市外办。

2."白玉兰荣誉奖"由基层单位初选,局级主管部门及各区政府推荐申报,并填写《白玉兰荣誉奖申请表》一式2份(可附其他推荐材料),由主管或分管领导签署、单位盖章后报市外办。

3."上海市荣誉市民"通过网上申报。由基层单位初选后报局级主管部门或各区政府推荐,由推荐单位通过"上海外事办"网上办事或"中国上海"网上政务大厅申报。

三、申报渠道

中外合资单位候选人可通过中方局级主管单位推荐申报;

外资独资单位候选人可通过行业局级主管部门或相关区政府推荐申报,但不得多头申报;

其他机构的候选人可通过聘(邀)请单位的局级主管部门申报。

为保证申报工作有序进行,请各局级主管部门及各区政府根据申报条件和要求认真做好推荐申报工作。各单位务必高度重视,在深入调查研究的基础上,选拔和推荐确有突出成就和贡献、得到社会认同、有一定民意基础、对我友好,并能够在其相关领域起到示范引领作用的友好人士作为获奖候选人。

四、申报材料要求

1. 所需材料:

(1)"纪念奖""荣誉奖"所需材料

a. 申报单位按要求填写的《申请表》一式2份。

b. 申请者2寸彩色近照2张分别贴于每份表格右上方。

c. 申请表电子版(word文档格式)和2寸彩色证件照电子版(不小于500 KB,JPEG格式)存于光盘或U盘中报送。

d. 申请者护照首页复印件。

(2)"荣誉市民"所需材料

推荐单位按要求在网上填写申请表并打印,由主管或分管领导签署、单位盖章后再扫描上传至申请页面"附件"栏(包括上传申请者照片〈不小于500 KB,格式为JPEG〉、护照首页),并将申请表纸质原件2份交市政府外办。

2. 所报材料要客观公正,被推荐人的主要事迹应翔实可靠、数据准确、重点突出。

3. 申报"白玉兰荣誉奖",应重点突出申请人在获得"白玉兰纪念奖"后所作出的新成绩、新贡献。

4. 如需保密或本人不希望公开宣传,请在表中注明。

5. 申请表除领导签署外,其他内容一律打印。对于不规范的申请表将不予受理。

五、申报日期

申报截止日期为2018年3月31日,各单位应在此期限内将所需材料报送至市外办。

六、网上查询

有关评奖事宜可在"上海外事办"网站(www.shfao.gov.cn)"对外表彰"栏目查阅。

"纪念奖"、"荣誉奖"申请表可在"上海外事办"对外表彰表格下载栏目中下载。"荣誉市民"申请表在"上海外事办"网上办事栏中(或"中国上海"网),进入"荣誉市民"表格栏目中直接填写。

特此通知。

上海市人民政府外事办公室

2018年1月31日

(联系人:李欣,朱春霞,胡绪波

电话:22161244,22161312,22161471 传真:62565485)

(2) 上海市人民政府的提请议案

上海市人民政府关于提请审议授予藤本道生
"上海市荣誉市民"称号的议案

(沪府函〔2018〕64号)

上海市人民代表大会常务委员会:

经审核,上海市人民政府拟同意授予日本籍人士藤本道生(Michio

Fujimoto)"上海市荣誉市民"称号。

请予审议。

上海市人民政府
2018年7月30日①

(3) 上海市人大外事委员会的审议意见报告

上海市人民代表大会外事委员会关于《上海市
人民政府关于提请审议授予藤本道生"上海市
荣誉市民"称号的议案》的审议意见报告
——2018年9月28日在上海市第十五届
人民代表大会常务委员会第六次会议上
(上海市人大外事委员会主任委员高德毅)

主任、各位副主任、秘书长、各位委员：

收到《上海市人民政府关于提请审议授予藤本道生"上海市荣誉市民"称号的议案》后，外事委员会召开第四次委员会会议，对市政府的议案进行了审议。现将审议意见报告如下：

委员会认为，日本籍人士藤本道生(Michio Fujimoto)符合《上海市授予荣誉市民称号规定》的条件，建议市十五届人大常委会第六次会议同意市政府提请的议案，授予日本籍人士藤本道生"上海市荣誉市民"称号。

以上报告，请予审议。②

---

① 《上海市人民政府关于提请审议授予藤本道生"上海市荣誉市民"称号的议案》，http://www.spcsc.sh.cn/n1939/n2440/n5604/u1ai179684.html，2018年7月30日。
② 《上海市人民代表大会外事委员会关于〈上海市人民政府关于提请审议授予藤本道生"上海市荣誉市民"称号的议案〉的审议意见报告》，http://www.spcsc.sh.cn/n1939/n2440/n5604/u1ai179683.html，2018年9月28日。

第二章 历史沿革：改革开放以来上海市民荣誉制度的发展变迁 / 85

（4）上海市人大常委会的决定

> **上海市人民代表大会常务委员会关于授予藤本道生**
> **"上海市荣誉市民"称号的决定**
>
> （2018年9月28日上海市第十五届人民
> 代表大会常务委员会第六次会议通过）
>
> 上海市第十五届人民代表大会常务委员会第六次会议听取和审议了《上海市人民政府关于提请审议授予藤本道生"上海市荣誉市民"称号的议案》，根据《上海市授予荣誉市民称号规定》，决定同意上海市人民政府的提名，授予日本籍人士藤本道生"上海市荣誉市民"称号。[①]

[①]《上海市人民代表大会常务委员会关于授予藤本道生"上海市荣誉市民"称号的决定》，http://www.spcsc.sh.cn/n1939/n2440/n5604/u1ai179686.html，2018年9月28日。

第三章　比较视野：改革开放以来其他省区市市民荣誉制度与上海的比较

了解不同城市改革开放以来市民荣誉的发展，对于更好地洞悉上海市民荣誉制度的发展具有重要意义。通过深入了解不同城市市民荣誉制度的发展历程，我们可以发现不同城市市民荣誉制度的发展对城市发展动力的形成机制影响各具特色，具有不同的优势和特点。充分借鉴和学习不同城市的经验，并结合上海市民荣誉制度的独特优势进行发展，对于市民荣誉制度的完善并进一步推动创新驱动型城市发展，有着重要的参考意义。需要说明的是，由于中国的单一制国家结构形式，上下同构是重要的特点，因而国家荣誉在地方的实践基本雷同。本章对这些相似处不予重复介绍，只讨论各个城市市民荣誉制度发展的历史沿革及其突出特点。

第一节　改革开放以来其他省区市市民荣誉制度的发展

讨论不同城市改革开放以来市民荣誉制度的发展，对于更好地了解上海市民荣誉制度的发展状况，提升上海市民荣誉制度的制度化水平，有着重要的意义。有鉴于此，笔者选取了宁波、青岛、武汉、重庆这四个市民荣誉制度发展较为典型的城市，以时间为序，对这些城市较为重点的市民荣誉进行介绍。

一、宁波市民荣誉制度的发展

改革开放后到 1994 年,宁波市民荣誉的授予主要是在国家各项荣誉称号授予要求指导下,开展相应荣誉的地方先进典型人物的选树评比,以"全国五一劳动奖状""全国五一劳动奖章"等劳动领域的荣誉称号为典型。1991 年"七五"全国星火计划总结表彰大会在北京召开,宁波市有 4 个先进集体受表彰,1 人被授予"星火特别荣誉奖",4 人被授予"星火先进企业家"称号,4 人被授予"星火科技先进工作者"称号,7 人被授予"星火管理先进工作者"称号[1]。1992 年 7 月 24 日,宁波市人大常委会首次向海军宁波舰官兵授予"宁波市荣誉市民"称号[2],这是宁波市地方荣誉探索的重要开端。1993 年,宁波市人大常委会通过了《宁波市荣誉市民称号授予办法》,对在宁波经济建设、社会发展、科技进步和对外交流合作等方面做出突出贡献的人士授予"宁波市荣誉市民"称号,并给予相应礼遇。此后,宁波市及时对做出重大贡献的社会成员进行奖励,并授予他们相应的荣誉称号,获得了良好的社会效果。

1995—2006 年,宁波市对地方荣誉制度进行了积极探索,结合城市发展特色、阶段性工作重点以及经济建设要求等,设立并授予了一大批市民荣誉称号。1995 年,为重点表彰立足本职、爱岗敬业、积极进取、开拓创新,在本行业(系统)中做出突出贡献或业绩的杰出女性,宁波市进行了首届"十大杰出女性"评选,市妇女联合会同时授予 10 人宁波市"三八红旗手"称号。同年,宁波还进行了首届"宁波市十佳人民公仆"评选,选树先进典型、弘扬奋斗精神,激发了公职人员工作的积极性和主动性。1996 年,宁波市进行了多项"首届"荣誉称号评选和授予活动,市民荣誉的涵盖范围从以劳动建设领域为主扩展到了教育文化、社会文明、科技发展等多个层面。1996 年进行的首届"十佳藏书家庭"评选、首届"甬上藏家"评选、见义勇为杰出人员

---

[1] 宁波市地方志编纂委员会:《宁波市志(1991—2010)》第 1 册,商务印书馆 2019 年版,第 169—170 页。

[2] 宁波市地方志编纂委员会:《宁波市志(1991—2010)》第 2 册,商务印书馆 2019 年版,第 172 页。

表彰大会等，通过选树先进典型，倡导良好社会风气，营造了更加浓厚的向榜样学习氛围，这些荣誉在宁波市经济发展建设中发挥了更好的示范和引领作用，有效地加强了精神文明建设的宣传引导作用。1996年9月，首届"茶花奖"颁奖典礼举行，12名在甬工作的外国专家受到表彰。茶花是宁波市市花，"茶花奖"是宁波市政府为表彰在宁波改革开放和经济建设中做出积极贡献的外国专家而设立的奖项，也是宁波市授予外国专家的最高荣誉，自1996年后，每年颁奖一次。随着对外开放程度的不断扩大，宁波贯彻"经济建设必须依靠科学技术，科学技术必须面向经济建设"的方针，给荣誉授予提出新的要求。1999年11月，宁波市首届"科技创新特别奖"授予仪式举行，以表彰为宁波科技创新发展做出突出贡献的人士。

进入21世纪，宁波市更加注重人才队伍建设和科技进步对经济发展的促进作用，结合各领域的发展实际，设立和开展了种类繁多的市民荣誉及表彰活动。2004年，宁波市属工业系统72名"首席工人"产生，其中10人被命名为"十佳首席工人"，同年还表彰了"十大外来务工明星"。根据2005年《关于印发宁波市科学技术奖励办法的通知》，宁波市人民政府设立"科学技术奖"，奖励在本市科学技术活动中做出突出贡献的单位和个人。2006年，宁波市政府印发《宁波市教育服务经济贡献奖奖励暂行办法》，规定宁波市"教育服务经济贡献奖"面向全社会进行评选，颁发给对构建服务型教育体系、促进教育服务经济社会发展做出过突出贡献的企业、事业、社会团体、地方政府、党派等，可以说这一奖项对当时加快构建服务型教育体系，增强教育服务地方经济社会的能力起到了积极作用。2006年，宁波市政府颁布的《宁波市市长质量奖评定管理办法》（甬政发〔2006〕123号），进一步完善了政府质量奖励制度，规范了"市长质量奖"评审工作，树立了质量先进标杆，推动了高质量发展。2006年，宁波市还表彰了首批白求恩式医务工作者，大力宣传模范典型人物的先进事迹和崇高品质，激励广大医务工作者立足本职，更好地为全市人民健康服务。同年，宁波市还表彰了渔业互保工作先进集体和个人，分别授予了"先进集体""特殊贡献者""先进个人"荣誉称号。

面对形形色色的荣誉称号和表彰评比活动，宁波市同时认识到规范地方荣誉称号授予的紧迫性,从而才能进一步发挥荣誉称号授予在社会发展进步中的积极效应。2007—2012年,宁波市出台了相应的规范性文件,对表彰评比工作提出了要求,并在一定程度上取得了预期的效果。但同时,"一管就死"的困境难以避免,各种表彰活动在这段时期骤减。2008年4月18日,宁波市政府办公厅下发《关于严格控制评比达标表彰活动的通知》,允许保留3个以市政府名义举办的评比达标表彰项目,其他项目一律取消,要求各地、各部门要强化清理评比达标表彰活动有关文件的执行力,对未经批准擅自设置的评比达标表彰项目一律予以取消,并一律不得举办新的评比达标表彰活动。这对解决当时评比达标表彰活动过多过滥的问题起到了有效的约束作用,促进了机关作风改进,减轻了基层、企业和群众的负担。但随着社会发展的需要,各领域的表彰评选和荣誉授予又逐渐丰富起来,截至2017年,宁波市又陆续开展了"宁波慈善奖""节能减排标兵企业和先进企业""宁波市道德模范""宁波市电网建设优秀单位和先进个人""'三改一拆'和'无违建'创建工作先进单位和先进个人""宁波市历史文化名城名镇名村保护工作先进集体和先进个人""年度安全生产工作先进集体和先进个人"等各种表彰评选活动。

党的十八大以来,宁波市民荣誉制度进入了规范化、程序化、法治化的新阶段,随着国家要求和社会发展的及时调适修整,荣誉称号评选授予工作在宁波有序开展。其中,荣誉市民制度的完善是典型代表。2017年11月30日,《宁波市荣誉市民条例》(以下简称《条例》)经浙江省第十二届人民代表大会常务委员会第四十五次会议批准,正式向社会公布,自2018年1月1日起施行。《条例》明确了"宁波市荣誉市民"称号授予一般每两年举行一次,也可根据需要适时授予,可经组织推荐,也可由本人自荐为"宁波市荣誉市民"人选[①]。2018年,宁波市人民政府印发《宁波市荣誉市民条例实施细则》,进一步规范了荣誉市民评选授予工作。2023年,根据国家相关工作要求,宁波市人民代表大会常务委员会公布了《关于废止〈宁波市荣誉市民条

---

① 《宁波市荣誉市民条例》,《宁波日报》2017年12月22日第7版。

例〉的决定》①,《宁波市荣誉市民条例》正式废止。同时,市政府印发《宁波市荣誉市民称号授予暂行办法》,将"宁波市荣誉市民"称号授予工作纳入评比达标表彰活动规范管理②,对荣誉市民称号授予的规范及时补位,保障了相关工作的正常有序开展。

二、青岛市民荣誉制度的发展

改革开放后,社会主义现代化建设新时期(1978—1990年)的青岛市民荣誉授予和功勋表彰,集中体现在对精神文明建设领域和重要事件突出人物的表彰上,主要以表彰大会的形式开展。例如,1982年召开青岛市文明礼貌活动表彰大会,表彰了441个文明礼貌活动先进单位和集体,制定了《青岛市人民文明公约》;1986年召开青岛市军民共建社会主义精神文明表彰大会;1988年首次举行民族团结进步表彰大会;1989年举行省级文明单位表彰授奖大会等。对重要事件突出人物的表彰具有鲜明的事件特征。例如,1985年对"五四"崂山龙潭瀑抢险救人英雄群体命名表彰,首届"五讲四美三热爱"活动积极分子命名表彰;1988年首批赴乡镇挂职干部工作总结表彰;1989年黄岛油库灭火抢险庆功表彰;1990年青岛市为亚运会做贡献的先进表彰等③。这一时期青岛市民荣誉制度还处在探索阶段,对相应的表彰工作还未形成规范的制度性文件或规定。荣誉及其设置具有鲜明的工作指向性,可以说对当时青岛市阶段性重点工作的推进发挥了重要促进作用。

1990—2005年间,青岛市民荣誉制度逐步建立,表彰工作逐步规范,有了相应的指导性文件。2000年9月,为规范行政奖励表彰行为,鼓励先进,鞭策后进,青岛市人民政府颁布了《青岛市行政奖励表彰试行规定》,对荣誉称号的命名做了进一步规范:授予荣誉称号的名称统一规范为"劳动模范"

---

① 《宁波市人民代表大会常务委员会关于废止〈宁波市荣誉市民条例〉的决定》,http://news.cnnb.com.cn/system/2023/08/10/030513878.shtml,2024年7月4日。
② 《宁波市人民政府关于印发宁波市荣誉市民称号授予暂行办法的通知》,《宁波市人民政府公报》2023年第15期。
③ 《首轮青岛市志》,http://qdsq.qingdao.gov.cn/szfz_86/slqdsz_86/dsj_86/202204/t20220414_5490501.shtml,2020年11月7日。

"先进工作者""劳动模范"称号授予企业职工和农民,"先进工作者"称号授予机关和事业单位工作人员,"先进集体"称号授予一般在其前冠以系统名称。作为沿海城市,为进一步扩大对外开放,发挥好海外及港澳台人才在青岛市经济发展过程中的优势,青岛市开始授予外国友人、华侨、港澳台同胞荣誉称号,包括"青岛市荣誉市民""青岛市经济顾问""琴岛奖"等。"琴岛奖"是青岛市人民政府为奖励在本市经济建设与社会发展中做出突出贡献的国际友人、华人华侨与港澳台同胞而设立的奖项,市政府外办、市侨办和市台办分别负责国际友人、华侨及港澳台同胞申报"琴岛奖"工作,对获得"琴岛奖"的国际友人、华侨及港澳台同胞颁发纪念证书和奖章。1998年3月,青岛市政府常务会审议通过《青岛市设立琴岛奖暂行规定》《青岛市聘请经济顾问暂行规定》,同年5月,青岛市第十二届人大常委会第三次会议通过了《青岛市授予荣誉市民称号办法》。1998年9月26日,青岛颁发第一届"琴岛奖",25名在青岛工作和生活的国际友人和华侨、港澳台同胞获奖。至2005年,青岛共颁发6届"琴岛奖",109名国际友人和华侨、港澳台同胞获奖;另外,有5人获"国家友谊奖",24人获"齐鲁友谊奖",1人获得民政部和中华慈善总会颁发的"中华慈善奖"[①]。总之,凡是积极促进其所在国家或地区与青岛市的友好交往与合作,在建立友好城市工作中做出突出贡献,积极支持青岛改革开放、经济建设和社会发展,在发展青岛的经贸、科技、文化、教育、卫生等事业方面做出突出贡献,以及在其所在国家或地区有较高的社会声誉或影响的国际友人、华侨和港澳台同胞,均可授予"青岛市荣誉市民"称号。至2005年,先后有16批次21人被授予"青岛市荣誉市民"称号,对推动青岛经济社会发展和对外交流合作发挥了积极作用。2005年6月27日,青岛市第十三届人大常委会第二十二次会议对相关规定进行了修订,自此"青岛市荣誉市民"旨在表彰和鼓励在青岛市经济建设、社会发展和促进对外友好交流与合作等方面做出重大贡献的外国人和华侨。2008年6

---

① 《二轮青岛市志》,http://qdsq.qingdao.gov.cn/szfz_86/elqdsz_86/zzj_86/dbpws_86/202204/t20220414_5493162.shtml,2020年9月16日。

月，市政府印发施行《青岛市设立琴岛奖规定》，《青岛市设立琴岛奖暂行规定》（青政发〔1998〕42号）同时废止，这使得琴岛奖的颁发授予更具有了规范性，能够更好地服务于城市的发展。

2006—2012年，为促进经济发展和科技进步，适应城市发展的时代要求，青岛的荣誉表彰工作扩展到了更广泛的领域。例如，在2006年青岛市科学技术大会上，海尔集团董事局主席、首席执行官张瑞敏和青岛海信信芯科技有限公司常务副总经理战嘉瑾分获"突出贡献人才最高荣誉奖"和"突出贡献人才功勋奖"，成为青岛市为发展自主品牌、鼓励自主创新首次设立的奖项；2007年青岛市表彰了劳动竞赛先进集体和个人、优秀企业家等；2011年青岛市委、市政府举行"平安青岛"建设表彰大会，表彰"平安青岛"建设和全市维护稳定工作中的先进集体和先进个人；2012年青岛举办了创建全国文明城市表彰大会、创先争优创建岛城先锋党建品牌活动表彰大会等，对阶段性工作的先进人物进行了表彰。此外，青岛每年开展的科学技术表彰大会、"平安青岛"建设表彰、"劳动模范"表彰等基础性、长期性的表彰工作，可以说为青岛城市发展过程中发挥好榜样人物的示范引领作用提供了必要支持，构成了青岛市民荣誉的主要内容。

党的十八大以来，青岛市对荣誉表彰工作更加规范，对荣誉设置过多过杂的情况进行了集中整治，并结合新时期城市发展要求废立并举，使得荣誉制度更好地服务于青岛的城市发展。2013年6月，青岛市委、市政府印发《中共青岛市委青岛市政府关于开展"六整治四清理"行动的决定》（青发〔2013〕16号），启动"六整治四清理"行动，其中包含整治评比达标表彰过多过乱问题。2021年6月，山东省脱贫攻坚表彰暨乡村振兴工作推进会议召开，青岛市有17个集体、28名个人分别被评为"山东省脱贫攻坚先进集体"和"山东省脱贫攻坚先进个人"；同年，青岛市在扫黑除恶专项斗争总结表彰大会上，全面总结了扫黑除恶专项斗争成效，表彰先进、总结经验。2022年3月，修正后的《地方组织法》删除了有关地方人大常委会"决定授予地方的荣誉称号"的职权内容。为贯彻落实国家有关法律规定，青岛市于2023年8月废止《青岛市授予荣誉市民称号办法》，相关工作将由市人民政府按照国家相关规定执行并制定相应文件予以规范。这一时期,中央对国家功勋荣誉工作的重视和规范也给青岛市荣誉表彰工作的规范提供了指引,逐步调适并不断完善成为现阶段青岛市民荣誉制度发展的鲜明特点。

三、武汉市民荣誉制度的发展

从改革开放到 20 世纪末,武汉市的荣誉表彰处于探索阶段。这一时期,地方权力机关和地方政府根据国家荣誉评选工作的要求和地方实际,设立了一批与地方发展相适应的荣誉表彰项目。1985 年 4 月 15 日,武汉市人民政府授予格里希"荣誉市民"称号,武汉历史上第一位荣誉市民由此诞生。"武汉十大杰出青年"评选自 1991 年开始,主要表彰在武汉城市发展各领域中做出突出贡献的优秀青年们。1992 年 11 月 16 日,为表彰在武汉做出突出贡献的外籍专家,武汉市特设"黄鹤友谊奖",颁授给为武汉市的宏观决策、城市发展、经济建设、投资以及引进国外智力等方面做出突出贡献并取得显著社会和经济效益的外国专家和国际友好人士,德国专家埃里希·米歇尔斯成为首位获奖者[①]。为了加强社会主义精神文明建设,鼓励人民群众见义勇为,弘扬正气,奖励和保护见义勇为人员,根据全国人大常委会《关于加强社会治安综合治理的决定》和有关法律、法规的规定,结合武汉市实际,1997 年 11 月,武汉市第九届人民代表大会常务委员会通过了《武汉市奖励和保护见义勇为人员条例》,规定了"见义勇为先进分子"称号、"见义勇为英雄"等地方荣誉称号的授予准则。此后,武汉市地方荣誉开始逐步规范起来,逐渐从制度上加强了地方荣誉颁发和授予的规范性。

进入 21 世纪,武汉市对地方荣誉积极完善,探索制定了荣誉称号、表彰授予的政府法规、规范性文件等,进一步规范了荣誉权的行使和荣誉称号的授予。2003 年,武汉市修订《武汉市设立"黄鹤友谊奖"的暂行规定》,进一步规范了对武汉市做出突出贡献的国际友人和外国专家的鼓励和表彰办

---

① 《武汉改革开放三十年大事记(1978.12—2008.9)》,http://szfzg.wuhan.gov.cn/book/dfz/bookread/id/1066/category_id/408605.html,2024 年 7 月 4 日。

法。2004年,武汉市委办公厅和市政府办公厅联合印发《关于加强武汉市各类专家选拔管理工作的意见》,加强了对武汉市有突出贡献中青年专家,享受国务院政府特殊津贴、省政府专项津贴、市政府专项津贴人员等各类专家的选拔管理工作,"武汉市有突出贡献中青年专家"(原称"武汉市优秀专家")评选工作由此进一步规范。2005年,中共武汉市委、市人民政府颁布《武汉杰出人才评选办法(试行)》,武汉正式设立"杰出人才奖",每3年评选1次,同时设立"武汉优秀人才奖"作为该奖项的二等奖项[①],旨在进一步营造尊重劳动、尊重知识、尊重人才、尊重创造的氛围,鼓励优秀人才为城市发展注入更强动力。2008年3月,武汉市召开首届杰出人才颁奖大会,20名来自不同领域、为武汉市经济社会发展做出突出贡献的杰出人才受到了表彰和奖励,其中3人还被授予"首届杰出人才功勋奖"[②]。2010年7月,武汉市人民政府设立的最高质量荣誉——"市长质量奖"首度评出,该奖项是由武汉市人民政府设立的最高质量荣誉奖,授予质量管理水平卓越、自主创新能力突出、经济社会效益明显,在全市具有显著示范带动作用的单位,以及质量管理工作成效显著,对促进全市质量发展做出突出贡献的个人。

在武汉市民荣誉不断规范和制度化的前提下,2011年,"建立城市荣誉制度"被正式纳入武汉市工作要求中,此后武汉市民荣誉制度取得了阶段性进展。2011年12月,武汉市第十二次党代会报告指出"建立城市荣誉制度,设立功勋市民、模范市民、文明市民等荣誉称号"[③]。随后,2012年1月的政府工作报告也明确提出"建立城市荣誉制度,发挥道德模范、先进典型的示范作用,设立功勋市民、模范市民、文明市民等荣誉称号"[④],将武汉市民

[①] 徐宁、于业成:《武汉首设杰出人才奖》,《湖北日报》2005年8月5日第1版。
[②] 《武汉改革开放三十年大事记(1978.12—2008.9)》,http://szfzg.wuhan.gov.cn/book/dfz/bookread/id/1066/category_id/408605.html,2024年7月4日。
[③] 《中共武汉市委书记阮成发:敢为人先追求卓越 为建设国家中心城市复兴大武汉而努力奋斗——在中国共产党武汉市第十二次代表大会上的报告》,http://szfzg.wuhan.gov.cn/book/dfz/bookread/category_id/391099/id/1043.html,2021年12月20日。
[④] 《武汉市人民政府市长唐良智:在武汉市第十三届人民代表大会第一次会议上的政府工作报告》,http://szfzg.wuhan.gov.cn/book/dfz/bookread/id/1043/category_id/391100.html,2021年1月5日。

荣誉制度的建立提上新高度。党的十八大报告明确要求,要深入推进社会主义核心价值体系建设,为贯彻落实党的十八大精神,推进武汉市国家中心城市建设,《关于建立武汉城市荣誉制度的意见(征求意见稿)》在2012年底正式发布①。该意见对建立武汉城市荣誉制度的重要意义、基本原则、主要内容和工作要求等都进行了详细阐述,明确了设立功勋市民、模范市民、文明市民荣誉称号,制定《武汉市功勋市民评选表彰实施办法》《武汉市模范市民评选表彰实施办法》《武汉市文明市民评选表彰实施办法》,建立武汉城市荣誉制度。在此基础上,2013年,武汉市委办公厅、市政府办公厅联合下文,出台《关于建立武汉城市荣誉制度的通知》,提出"武汉市功勋市民"荣誉称号授予对武汉市经济社会和各项事业发展做出卓越贡献的个人,"武汉市模范市民"荣誉称号授予在武汉市物质文明和精神文明建设中做出突出贡献的个人,"武汉市文明市民"荣誉称号授予在武汉市精神文明建设中模范引领和带动作用突出、群众公认的个人。功勋市民、模范市民和文明市民群体,均由武汉各区、各部门推荐申报,市文明委评选审核,经社会公众评议认可。由于三种荣誉称号的评选对象非常广泛,与之相应的政府规章和规范性文件在整个武汉城市荣誉制度的建设中发挥着重要作用,武汉城市荣誉制度至此正式建立起来。制度的建立对于规范地指导武汉市开展推荐、评选和表彰活动,对于培养市民的高尚品德,养成良好的道德习惯,树立良好的社会道德风尚,提高城市的文明程度具有重要的推动意义。此外,在特殊时期,武汉市委、市政府、市人大等通过设立临时性荣誉,奋力打造新时代英雄城市,成为武汉市民荣誉制度的重要实践。2020年9月22日,武汉市抗击新冠肺炎疫情表彰大会隆重举行,全国、全省抗击新冠肺炎疫情先进个人、先进集体代表和优秀共产党员、先进基层党组织代表,全市抗击新冠肺炎疫情先进个人、先进集体代表和优秀共产党员、先进基层党组织代表等参加大会。会上宣读了《中共武汉市委、武汉市人民政府关于表彰武汉市抗击新冠肺炎疫情先进个人和先进集体的决定》和《中共武汉市委关于表彰全市

---

① 《关于建立武汉城市荣誉制度的意见》,《长江日报》2012年12月5日第14版。

抗击新冠肺炎疫情优秀共产党员、先进基层党组织的决定》，对在新冠肺炎疫情抗击斗争中表现突出的866名先进个人、329个先进集体和130名优秀共产党员、110个先进基层党组织进行了表彰[①]。伟大斗争铸就伟大精神，伟大精神指引伟大胜利，武汉在抗击新冠肺炎疫情中涌现出来的无数优秀感人事迹，是伟大抗疫精神的真实写照。可以说，抗击新冠肺炎疫情这一系列特定荣誉的设立与颁发，丰富了武汉城市荣誉制度的内涵，为武汉的城市精神品格赋予了新的时代价值，为升华城市境界指明了方向。

四、重庆市民荣誉制度的发展

改革开放后到1996年期间，重庆市民荣誉处于初步探索阶段。这一时期，重庆在配合国家荣誉项目开展地方相应荣誉评选的同时，积极在科技和劳动等领域进行了地方荣誉的探索。1982年11月，重庆市委、市政府发布《关于评选命名文明单位的通知》，决定从1982年起，每年评选命名一批文明单位，引导各单位树立正确的劳动观，积极为经济发展贡献力量。此外，1983年，重庆市委、市政府授予重庆大学冶金及材料工程系讲师秦伯弘"优秀知识分子"称号；1985年1月，重庆市举行首次自然科学优秀论文授奖大会，向1900余名优秀论文作者颁奖；1985年9月10日，重庆市委、市人大常委会、市政府、市政协联合召开重庆市庆祝第一个教师节和表彰优秀教师大会，会上表彰了当年的优秀教师。在科技领域，重庆也设置了诸多荣誉。比如，1986年度的科技进步奖授奖大会，共有74项科技成果获奖；同年重庆市还表彰了获国家和四川省115项科技成果奖的250余名主要研究人员。1987年，重庆市科协设立高士其科普基金，该基金是全国第一个科普工作奖励基金，用以表彰在科普工作中做出显著贡献的科技工作者，鼓励他们为科技兴渝多做贡献。1991年2月27日，高士其科普基金奖首届颁奖会在重庆举行，中国科普研究所副编审郭以实、重庆大学副校长雷闻宇教授等18人获奖。另外，在中国共产党成立70周年之际，151个先进基层党组织、

---

① 《武汉市抗击新冠肺炎疫情表彰大会举行》，《长江日报》2020年9月23日第1版。

第三章　比较视野：改革开放以来其他省区市市民荣誉制度与上海的比较 / 97

99名优秀党务工作者、150名优秀共产党员受到重庆市委表彰。同年，重庆市劳动模范表彰大会授予孙春明等21人"重庆市特等劳动模范"称号，授予高敏等335人"重庆市劳动模范"称号，授予南桐矿务局掘进一三一队等20个班组"重庆市模范班组"称号，授予重庆机床厂等227个集体"重庆市先进集体"称号①。可以说，这一阶段重庆市在科技、教育体制改革方面不断推进，各类教育事业不断进步，科技实力特别是科技创新能力得到进一步增强，科技、教育有力地促进了全市经济社会的发展。荣誉的设立让科技人才在重庆市发展中备受瞩目，特别是1990年，重庆市编制并实施了《依靠科技振兴重庆规划纲要》，这之后，荣誉表彰与"科技兴渝"战略的关系变得越来越密切。

重庆被设立为直辖市后，自1997—2004年，重庆市荣誉评选工作蓬勃发展，设立了多个奖项，以表彰功勋模范人物，广泛宣传先进典型，激发全体市民向优秀人物看齐，激发市民主动投身城市建设的热情。1997年10月，重庆市政府设立了"重庆市争光奖"，1998年3月，重庆市政府表彰了首届"争光奖"获得者。1998年6月17日，重庆市委常委会作出决定，设立"振兴重庆杰出贡献奖"，从1999年开始，该奖每年评选一次，一次评出10名获奖者，于每年6月18日（重庆直辖市挂牌纪念日）进行表彰奖励。1998年，《重庆市授予荣誉市民称号条例》施行，以鼓励和表彰对重庆市经济建设、社会发展、对外交流合作做出突出贡献、在市内外享有较高声誉和影响的市外人员。2000年，重庆市委、市政府决定将两奖合并为"振兴重庆争光贡献奖"，成为由中共重庆市委、重庆市人民政府设立的全市最高综合性荣誉奖。1999年是重庆市设立地方荣誉最为活跃的一年，多个荣誉首次颁奖均在这一年完成。5月，"重庆市首届杰出青年农民"表彰大会召开，授予况定良等10人"重庆市首届杰出青年农民"称号；6月，首届"振兴重庆杰出贡献奖章"评选结果公布；12月，首届"重庆市青年科技奖"和首届"重庆市十大杰出青年"评选结果揭晓，王珏等10人和沈铁梅等10人分别获奖。2000年，重庆

---

① 重庆市地方志办公室：《重庆大事记（1949—2019）》，中国言实出版社2020年版，第139页。

市首届劳动模范和先进工作者表彰大会召开,表扬了一批在"富民兴渝"、加快建设长江上游经济中心、全面建设小康社会进程中品德高尚、成绩显著、贡献突出的先进模范人物。同年5月,重庆市人大常委会审议通过了《重庆市鼓励公民见义勇为条例》,对见义勇为公民的表彰分为嘉奖、评为"见义勇为先进分子"、授予"见义勇为英雄"称号三个等级,旨在依法保护、支持见义勇为人员,弘扬社会正气。2001年,重庆市设立"重庆友谊奖",成为市政府授予为重庆经济社会发展做出突出贡献的外国专家和国际友人的最高荣誉奖项。同年10月,市政府审议通过《重庆市科学技术奖励办法》,决定设立"重庆市科学技术奖",奖励在重庆市科学技术进步活动中做出突出贡献的个人、组织,调动科学技术工作者的积极性和创造性,促进经济、社会发展。

2005—2012年,重庆市着力推进科教兴市、人才强市建设,对为科学技术进步、经济社会发展做出突出贡献的科技人员和组织给予奖励,将科学技术工作提上了新的重视高度。2005年5月,重庆市首次科技成果奖励大会召开,102项科技成果获奖;同年9月,市政府设立"重庆市名师奖",奖励表彰为重庆教育改革和发展做出杰出贡献的教师,该奖每3年评选1次,每次奖励40名教师。2006年劳动节前夕,重庆市表彰获得"劳动创新奖"的单位10个、班组10个,表彰获得"劳动创新奖"的个人102人;同年5月,重庆市科学技术大会召开,首次颁发重庆市"科技突出贡献奖",表彰2005年度重庆市"自然科学奖""技术发明奖"和"科技进步奖"获得者以及"先进科技工作者";5月30日,重庆市委、市政府召开非公有制经济人士优秀社会主义事业建设者表彰大会,128人获表彰。这一阶段,针对特殊历史事件的表彰也体现着重庆市在地方荣誉建设方面的积极探索。2007年6月,重庆市委、市政府提出《关于表彰重庆直辖10年建设功臣的决定》,授予628人"重庆直辖10年建设功臣"称号,对他们用自己的辛勤劳动创造不平凡的业绩予以了高度认可。2008年7月1日,四川汶川大地震重庆市抗震救灾先进事迹报告会举行,全市在抗震救灾中的73个先进集体和182个先进个人受到表彰,这些先进集体和先进个人的模范事迹为大力弘扬抗震救灾精神起到了很好的宣传示范作用。可以说这些在重庆发展中具有深远影响和历史意义的特殊事件，给市民留下了深刻印象，其中涌现出来的先进事迹和优秀人物，勉励着人们向典型看齐，不断拼搏奋进。

党的十八大以来，重庆市荣誉表彰工作有序推进。在国家的要求和指导下，市民荣誉制度在体现地方荣誉特色的同时向着规范化发展。2018年12月，党中央、国务院对省部级及以下的评比达标表彰活动规范管理提出了明确要求；2020年6月，重庆市委、市政府制定了《重庆市评比达标表彰活动管理实施细则》，为做好评比达标表彰工作提供了依据和遵循。这一阶段，重庆地方荣誉制度向表彰的严肃性、权威性和公正性迈进，逐步推进了评比达标表彰活动管理的制度化、规范化。比如，2014年，"振兴重庆争光贡献奖"更名为"富民兴渝贡献奖"，评选周期由一年一评调整为两年一评，并继续保留为市委、市政府表彰项目。近年来，为进一步做好评选表彰工作，重庆市严格规范评选程序，建立了"两审三公示"等制度；同时，对不再保持先进性的表彰奖励获得者，及时撤销其所获荣誉，建立"退出机制"；加大先进模范人物宣传力度，充分发挥先进模范人物的精神引领和典型示范作用，从而倡导社会好风尚，弘扬正能量。

第二节　上海市民荣誉制度的发展特点

改革开放以来，上海市民荣誉制度发展紧密结合时代要求，评选范围广泛，涵盖了包括经济、文化、社会等多个领域，以及不同层次的表彰。这些表彰充分体现了上海市的地方特色，为城市发展提供了源源不断的动力，也展现了上海与其他城市市民荣誉制度发展中的不同特点。

一、突出鲜明的城市特色

一是与上海城市象征相匹配，突出体现在与上海市市花相匹配。1986年，经上海市人民代表大会常务委员会第二十四次会议决议通过，上海市市花被定为"白玉兰"。白玉兰在包括上海在内的江南地区栽培已久，是上海春天最早开放的本土花卉之一，象征着春天的来临。它开放时朵朵向上，清香四溢,好像体现出一种奋发向上的进取精神,它的花朵皎洁晶莹,又似传达一种清廉的意蕴。将白玉兰作为上海市市花,象征着一种开路先锋、奋发向上的精神,代表着上海市的城市形象和文化特色。而由上海市外办组织的、上海市市长亲自颁授的、始于1989年的"白玉兰荣誉奖"和"白玉兰纪念奖"等对外表彰奖牌,其上就印有白玉兰,成为上海市白玉兰系列奖项的开端。除此之外,以"白玉兰"命名的荣誉奖项也涉及建筑工程、医疗卫生、体育、教育、科技等不同领域,可以说地方元素和特色符号蕴含着丰富的上海城市文化,而彰显着上海城市特色的奖牌和奖章则为市民荣誉的授予赋予了更深层次的含义,使之充分融入了城市特色。

二是与上海城市发展相适应,突出体现在与上海科技发展相适应。随着改革开放的不断深入,上海经济发展进入转型时期,经济的增长方式逐渐从粗放型转向集约型,与之相适应,上海提出实施"科教兴市"战略,从而确立了科技发展的具体战略目标和任务。1996年,上海市人大颁发《上海市科学技术进步条例》,全面规范和完善了上海市科技发展的法律环境。1998年,上海市委、市政府发布《上海市促进高新技术成果转化的若干规定》,这是上海促进高新技术成果转化的标志性文件,其推动效力在全国起到了示范作用。为鼓励科技发展,上海市专门设立"上海市人才发展基金""上海市科技功臣""上海市科技进步奖""上海市科学技术奖""国际科技合作奖"等奖项和荣誉称号,重奖有突出贡献人员,推动科技成果转化为生产力。可以说,上海科技创新政策经历了"恢复科技工作""大力发展高新技术及产业""自主创新和建设创新型城市""建设全球影响力的科技创新中心"四个重要阶段[1],而荣誉制度的发展在科技创新及科技人才领域也体现着阶段性特点。在"恢复科技工作"时期(1978—1984年),"劳动模范""五一劳动奖章""先进生产者"等荣誉的获得是对当时科技工作者的肯定,主要集中在工业和劳动领域,类型较少且评判标准单一。在"大力发展高新技术及产业"时

---

[1] 孟溦、张群:《公共政策变迁的间断均衡与范式转换——基于1978—2018年上海科技创新政策的实证研究》,《公共管理学报》2020年第3期。

期(1985—1994年),国外科技工作者对于当时上海市科技经济的发展发挥了重要作用,其中"白玉兰荣誉奖"和"白玉兰纪念奖"是当时对外表彰的代表,是对国际力量支持上海科技事业发展的高度肯定。在"自主创新和建设创新型城市"时期(1995—2014年),上海市认识到自主创新工作的重要性,根据《上海市科学技术进步条例》设立"科学技术奖",对在科学技术进步活动中做出重要贡献的组织和个人进行奖励,为当时发挥科学技术第一生产力的作用,推动经济建设和社会发展,实施科教兴国战略,建设创新型城市发挥了关键作用。在"建设全球影响力的科技创新中心"时期(2015年以后),科技创新对于深化科技体制改革和政府职能转变的需求更加迫切,创建良好的创新生态环境和体制对地方政府工作提出了新的要求。这一时期,上海市委、市政府发布的《关于加快建设具有全球影响力的科技创新中心的意见》是确立上海科创中心建设的纲领性文件,明确了上海科创中心建设的奋斗目标和总体要求,正式开启了上海建设全球科创中心的序幕。可以说,上海市民荣誉制度正是在中国特色社会主义制度创新中不断成长和完善发展的。

从白玉兰系列奖到上海市科学技术奖,再到上海知识产权创新奖,上海通过对科技创新领域的一系列荣誉称号与奖项的设立,通过对评选各个环节的程序性规范,奖励了一批在上海市科学技术进步活动中做出贡献的个人和组织,广泛调动了科学技术工作者的积极性和创造性,为促进上海市科学技术事业的发展,深入实施创新驱动发展战略,加快建设具有全球影响力的科技创新中心,提供了重要牵引力。积极实践创新发展理念和大力实施创新驱动发展战略,为我国在新一轮科技革命和产业变革大势中赢得主动提供了重要的战略支撑[1],创新发展也必定是上海继续扩大对外开放,实现经济高质量发展的必由之路。持续发挥好上海市民荣誉制度对创新发展的价值引领和精神鼓舞作用,是上海建设具有世界影响力的社会主义现代化

---

[1] 唐国军:《"创新是引领发展的第一动力"——习近平与创新发展理念的提出》,《党的文献》2017年第2期。

国际大都市必不可少的动力支持。与此同时,上海市科学技术奖励规定和"上海知识产权创新奖"评选办法等科技创新领域制度的进一步更新和完善,能够增大人才激励和知识产权保护力度,激发各类主体的创新活力,正在成为当下上海市不断提升对外开放水平,促进经济高质量发展亟须解决的问题,相应的荣誉制度的调适也必将是上海建设全球科创中心的重要环节,这是其他城市荣誉制度发展不具有的特殊使命。

二、倡导跟随的变迁色彩

经济是最大的政治,以市民荣誉制度为代表的精神文明建设是服务服从于经济建设的。改革开放 40 多年来,党团结带领全国各族人民,不断地解放和发展生产力,经历了我国历史上最为广泛而深刻的社会变革,谱写了中华民族自强不息、顽强奋进的新的壮丽史诗。从开放维度来看,上海改革开放具有鲜明的对外经济开放顺序,即外向型经济的初期阶段、中期阶段和高级阶段[①]。

在初期阶段,上海主要依靠吸引外资、鼓励出口等方式,将城市发展的重点聚焦在经济建设上,而为了充分调动人民群众的劳动积极性,这一阶段上海市民荣誉制度的鲜明特点主要体现在工业和劳动领域的表彰,先进典型代表所体现的劳动热情和无私奉献精神,成为社会进步中的重要价值追求,工业化进程由此快速推进。可以说,一大批劳动模范和先进工作者,带动群众锐意进取、积极投身上海市改革开放和社会主义现代化建设,为上海城市建设和经济发展建立了杰出功勋。

而乘着改革开放的东风,上海市经济建设先行起步,对外交流活动逐步增多。在国际交流日益密切起来的背景下,上海市外办于 1989 年筹备了第一次对外表彰典礼,充分激发了国际力量对上海经济发展的支持热情。在外向型经济的中期阶段,上海在前期经济发展快速起步的基础上,成为中国

---

① 袁志刚:《上海开放与高质量发展新机遇》,《上海交通大学学报(哲学社会科学版)》2020 年第 3 期。

改革开放的重要窗口和经济发展的试验田,市场化、城市化和国际化进程迅速推进,商品贸易自由化程度也随之大幅提升。1990年4月,中央同意加快浦东地区开发,上海发展迎来重大机遇,大量国内外的资本流向浦东,成为上海经济发展新的增长极。浦东的开发开放也向世界进一步表明,中国将继续高举改革开放的旗帜。上海开始吸引全球资本,不仅象征着中国全面和高质量的对外开放,也标志着上海的经济发展进入崭新的阶段。2001年中国加入WTO后,浦东在开发开放中进一步全方位参与全球经济竞争和发展,深度融入国际分工体系,与世界经济携手共进退。这种高度开放的水平和独有的政策优势,是国内其他任何城市所不及的。也正是拥有了领先的开放程度,成就了上海在荣誉制度发展过程中开拓进取、敢为人先的制度化探索。地方荣誉制度的程序化、制度化、法治化完善,进一步提升了上海的对外开放程度,市民荣誉在不同领域、不同部门和不同层次上的深入发展,充分调动了上海市民参与城市发展的热情和主动性,特别是在科技、文化、公安、教育、城市建设、重大活动开展等微观领域,上海市民荣誉的制度化发展为市民积极投身社会主义建设和完成城市阶段性重点工作提供了有效的价值导向和精神鼓舞。

随着对外开放程度的不断提升,上海外向型经济的高级阶段呈现出国家对外推进服务贸易自由化的要求。党的十八大以来,上海承担了建设国家第一个自贸试验区的战略任务,聚焦投资便利、贸易便利、金融开放创新和事中事后监管等领域,十年来形成了一批基础性制度和核心制度创新,与国际投资、贸易通行规则相衔接的基本制度体系和监管模式基本建立。其后,上海又承担起临港新片区建设的新使命,推动从要素市场开放到制度性开放的创新和试验。正如习近平总书记在浦东调研时作出的清晰论断:"浦东发展的意义在于窗口作用、示范意义,在于敢闯敢试、先行先试,在于排头兵的作用。"[1]浦东的速度奇迹引领浦东成为我国改革开放和现代化建设的

---

[1] 《三十而立从头越——以习近平同志为核心的党中央关心浦东开发开放纪实》,https://www.gov.cn/xinwen/2020-04/17/content_5503487.htm,2020年4月17日。

排头兵,也成为我国社会主义现代化建设的缩影,而市民荣誉制度也随着改革开放的步伐不断调适和完善,并在地方的实践与探索中逐渐成熟定型。上海市民荣誉制度与上海对外开放的程度密不可分,二者之间相辅相成又相互促进,在引领上海进行现代化建设、推动改革开放创新、实现经济高质量发展、提升特大城市治理能力现代化的伟大实践中发挥着重要作用。随着上海对外开放的深入,地方荣誉制度也被赋予了其他城市不能替代的新使命,即延续浦东开发开放的精神,把握时代发展的新机遇,为致力于成为全球卓越城市提供与之相匹配的精神引领、典型示范和价值导向。

三、形成系统的荣誉体系

一是形成了独具特色的、系统完整的上海市民荣誉制度体系。改革开放至今,上海市民获得的荣誉主要有国家荣誉、上海市级荣誉、其他省区市表彰上海市民的荣誉和对外表彰等类别,涵盖科学、政治、经济、文化、社会等领域,形成了一套完整的荣誉体系。荣誉获得者的先进事迹和所做出的杰出贡献,在一定程度上代表着改革开放以来上海在科技、经济、社会、教育、文化、卫生、国防、外交、体育等方面所取得的诸多卓越成就,代表着党的建设、城市建设和经济发展的突出成就。在荣誉评选"主体泛化""个人荣誉称号设置随意化""权限和奖励程序随意化"等问题面前[1],上海市民荣誉体系的建立,使相应领域荣誉表彰工作的开展有了更规范的指引,制度优势得到了更充分的发挥和彰显。对先进典型人物的荣誉表彰,不仅能够彰显对优秀代表性人物的尊崇,更可使市民充分了解上海市改革开放以来的建设成就和成长历程,感受到城市和社会的发展变化,进而形成强烈的城市认同感、群体自豪感。社会典型"正能量"的宣传倡导,可以帮助社会公众形成正确的价值观,是上海市民荣誉制度体系建设的重要工作,各级媒体多种形式的宣传报道,能够保存并传播代表先进典型的人物事迹,将凝聚着社会主义核心价值观的"正能量"进行广泛倡导与传承。这将发挥榜样人物的社会感

---

[1] 田丰韶:《制度缺陷与个人荣誉称号评选异化现象》,《兰州学刊》2010年第5期。

召力,引导社会公众自觉向榜样人物看齐,与先锋模范对标,树立社会生活的最高道德准则和日常行为标准,让城市建设与发展更具活力。对弘扬良好的道德风尚,凝聚向善的社会力量,对塑造时代化的城市精神脊梁,均具有重要意义。

二是健全了市民荣誉制度体系的支撑性材料和规范性文件。荣誉制度的规范化、程序化、法治化是荣誉制度成熟完善的重要标志,上海市政府在荣誉称号颁授过程中,注重从制度上规范荣誉称号的颁发标准、范围、程序,进一步确保荣誉称号颁发对象的先进性。如1983年颁布的《上海市国家行政机关工作人员的奖惩试行办法》规定,将授予荣誉称号、通令嘉奖纳入对国家行政机关工作人员进行奖励的范畴,并授权荣誉称号由区、县人民政府或市级局以上行政机关决定,激励国家行政机关工作人员向先进学习。而根据《上海市企业职工奖惩条例实施办法》,上海市还明确了对企业职工的奖励,指出可根据实际情况,授予企业职工先进生产(工作)者、劳动模范等荣誉称号。《上海市人民政府外事办公室关于设立"白玉兰荣誉奖"、"白玉兰纪念奖"的暂行规定》则对"白玉兰荣誉奖"和"白玉兰纪念奖"的授予工作也提供了制度性规范,对对外表彰的条件、范围、程序等进行了明确。而除了政府的规范性文件外,在上海市荣誉制度的发展完善过程中,权力机关也将成熟的经验上升到了地方性法规层面,使其具有法律效力。如1997年上海市人大制定《关于授予外国人"上海市荣誉市民"称号的办法》,对授予外国人"上海市荣誉市民"称号的条件、程序和工作要求等内容进行了规定,为后来"上海市荣誉市民"称号的授予提供了根本的遵循依据。

三是形成了精神激励和物质奖励相统一的市民荣誉制度体系。荣誉称号的授予是精神激励,对典型代表性人物的突出事迹与成绩给予充分的肯定,而与之并行的物质奖励则作为一种补充性奖励,丰富了上海市民荣誉制度的内涵。市民荣誉作为一种精神性奖励,这种荣誉之所以值得社会成员珍惜和追求,并不完全是因为其能提供物质资助,其稀缺性与崇高性还造就了荣誉称号获得者能够在公共权力范围内得到所有社会组织及成员的承认、尊重、认同和敬仰,这是超越并不同于物质利益的巨大精神愉悦,能给荣誉称号获得者带来极大满足。同时,荣誉称号附带着的物质奖励,在一定程度上也弥补了荣誉获得者在社会生活中一定的现实需要。例如,根据上海市政府颁布的《上海市决策咨询研究成果奖励规定》,在授予"决策咨询研究成果奖"的同时,评审委员会颁发证书、奖状和奖金给获得决策咨询研究成果奖的单位和个人,单位获得决策咨询研究成果奖所领取的奖金,按照参与者的贡献大小分配。《上海市见义勇为人员奖励和保护办法》按照对见义勇为人员实行精神鼓励与物质奖励相结合的原则,对全市范围内见义勇为行为进行确认并实现对见义勇为人员的奖励、保护,设立见义勇为专项经费,该账户由上海市综治委负责日常管理。可以说,上海市民荣誉制度通过对荣誉称号获得者进行精神鼓励和物质奖励等手段,对荣誉予以认可,以满足人的社交、自尊、自我发展和自我实现的需要。物质奖励其本质是精神鼓励的一种补充,物质奖励与精神鼓励的结合能够在较高层次上调动人的积极性,能够更好地带动市民积极投身于上海的社会主义现代化建设中来。

四、彰显强大的人民特征

在区域发展竞争日益激烈,地方经济发展日益同质化的今天,上海可谓区位条件优越,经济基础雄厚,体制机制完善,科教文化发达,在中国社会主义现代化建设全局中具有十分重要的战略地位。优越的地理位置和独特的政策优势造就了上海市完善的市民荣誉制度建设,培养了市民荣誉评选中以人为本、民主公正的价值理念。上海市民荣誉评选语境中的"以人民为中心",强调了充分保障评选对象的权益,也就是凡是对上海经济与社会做出重要贡献的社会成员都有获得荣誉评选的机会。同时,在评选过程中还需重视考察评选对象的品德、贡献以及影响这三大要素。在健全的制度法规下,上海市各项荣誉评选的形式审查、初评、复评、结果公示及异议处理、终评、监督审定、颁奖与公布等各个环节,均具有严格的程序性规范,可以说将"民主""公正"的价值观有效地融入了城市荣誉评选体系,有效摆脱了传统"人治"思维的影响。上海市民荣誉的发展将"人民城市人民建,人民城市为人民"的理念充分体现,服务于深化高水平改革开放,充分激发出了上海高质量的发展动力。荣誉表彰更彰显出上海城市发展"以人民为中心"的显著特点，在荣誉表彰和媒体的宣传引导下，无疑为城市综合治理能力的提升带来强大的发展动力，并在全国城市中脱颖而出。

"国家体制的健全、发展，目的是在不同领域促进人民群众整体性、根本性利益的发展，建立的是一个全面发展的国家治理体系"[1]，上海市民荣誉制度的发展，也正是在保证人民群众整体性和根本性利益的同时不断完善和健全的。上海在现代化城市快速发展的进程中，在保证经济社会飞速发展的同时保持了政治稳定，其中荣誉制度发挥了关键的调节作用。通过在不同领域设立相应的市民荣誉，社会发展的目标得以蕴含在城市发展的基本内容之中，城市与社会形成了一种共生、共强的关系，而不是分割、对立的关系，城市发展与社会进步两个进程的有机结合推进了高质量发展。在改革不断深化的过程中，社会也会进入转型期，面临价值观多元化的挑战。上海在经济发展过程中也面临着各种思想观念、价值追求的交织影响，面对价值多元化和价值选择多样性的冲击，如何使市民的价值观与社会主义核心价值观保持一致，发挥好市民荣誉的示范凝聚作用，协调好多种价值观的相互关系，巩固好社会主义核心价值观，是上海市民荣誉制度在实践中探索出来的经验。通过结合城市发展要求，通过特殊的程序和规范，把在特定领域和特定工作阶段中做出卓越成绩和杰出贡献的人筛选出来，树立先进典型和模范，通过广泛宣传营造崇尚荣誉、学习模范的社会氛围，以正确的价值引领凝聚人心，为经济高质量发展和城市现代化建设提供强劲发展动力，可以说是上海市民荣誉制度不断完善的方向，也是长期探索实践的宝贵经验。

---

[1] 陈周旺：《国家发展：超越"国家建设"理论》，《探索与争鸣》2022年第9期。

第四章　变迁逻辑：改革开放以来上海市民荣誉制度发展变迁的三重逻辑

上海市民荣誉制度是通过系列标准表彰模范人物进而对普通民众产生正向激励和德育教化的制度形式。上海市民荣誉制度是社会化的产物，在国家（城市）发展动力的驱动下，随着社会化大生产的进一步推进，特别是改革开放以来，人们的知识水平、行为能力、价值理念等都发生了巨大的变化，市民荣誉经历了从"生产驱动型"到"发展驱动型"的转变，并不断向"创新驱动型"迈进。上海作为中国经济发展的中心，在改革开放中顺应时代潮流，政治、经济、文化、社会等都发生了巨变，创造了许多令人震惊的世界奇迹。市民荣誉制度作为上海社会发展的衍生品，其建立、变迁和完善都有深刻的时代印记，记录着生产力、发展力、创新力这些不同的驱动性动力在城市发展动力链中的主导作用发挥，体现着上海所宣扬的价值追求、文化氛围、治理力量等。同时，市民荣誉制度紧贴上海发展的现实需求，适应着上海城市发展动力的阶段性要求，构建了对于上海政治文化的认同，有效实现着社会价值的正确指引和发展动力的持续供给。

市民荣誉制度有其价值的内在规定性和实践的外在规定性，因而市民荣誉制度生成与建构的理论逻辑是价值与实践的结合。作为内在规定性的价值，着力于通过市民荣誉制度建构政治认同，实现价值引导，促进政治合法性，引领城市发展动力链的作用发挥，其中荣誉能够作为载体就在于荣誉具有权威性、公正性、严肃性。作为外在规定性的实践，在城市发展动力链中发挥作用在于荣誉制度体系与技术手段的结合，在制度体系上体现为市民荣誉制度是政治制度的重要组成部分,能够确保存续性动力平稳运行,在技术手段上体现为市民荣誉制度是推进治理现代化、社会治理精细化的重要工具选择,能够促进驱动性动力持续发力。由于本章讨论的是荣誉制度的变迁逻辑,因此从一般意义的国家荣誉制度着手再讨论具象化的市民荣誉制度,能够有助于更好地理解。

第一节 价值逻辑:荣誉制度是政治认同的重要纽带

荣誉制度是国家通过激励表彰的方式塑造的一种权威性奖励形式,有着鲜明的政治意蕴,是社会民众情感归属、构建精神家园的重要载体。正是通过荣誉制度的不断奖励表彰方式,潜移默化地使社会民众在政治上形成广泛认同,在价值观的引导方面汇聚起磅礴力量。从逻辑上来说,政治认同是国家(城市)试图通过作为社会优秀分子的荣誉获得者来确认社会对国家(城市)倡导的价值观的认可和支持,价值引领则是国家(城市)试图通过荣誉获得者对国家倡导价值观的争取和追逐来带动整个社会。政治认同与价值引领的结合,畅通了国家(城市)与社会(民众)之间的联系渠道。

一、强化社会公众的国家(城市)认同感

改革开放40多年来,中国创造了举世瞩目的发展奇迹,经济得到了突飞猛进的发展,形成了一套行之有效的政策法规制度体系,综合国力得到大大提升,为中华民族的伟大复兴奠定了坚实的基础。与此同时,我们也面临一些威胁与挑战,特别是一些历史虚无主义的观点,否定中国共产党的历史、中国的革命史、改革开放史等,对于为国家复兴、民族独立做出贡献的革命烈士和先进人物,以及在社会主义建设中涌现出的先进人物和模范代表进行诋毁和污名化,把党和国家发展中的探索和尝试错误放大化,混淆了民众的政治认同,稀释了民众的爱国情怀和凝聚力,动摇了党执政的合法性,危害了国家的稳定、和谐、安全。国家认同是现代国家建设的一个重要维

度,强化公民对国家的认知和认同,是现代国家建设的一项重要内容①。市民荣誉制度就是通过制度设计,把各行各业表现突出、在特定领域做出特定贡献的人,依据特定的规则筛选出来,以此来树立先进的观点和模范。通过宣传发生在他们生活工作中的先进事迹和具体行为,在社会上营造崇尚荣誉、学习典型的社会氛围,不断塑造广大社会民众的精神家园,形成正确的价值引领。

在荣誉制度中,一些国家级荣誉的被授予者往往是在特大事件中做出巨大贡献、行为产生了巨大影响,对于社会主义建设建立了卓越功勋的杰出人士。这些国家级荣誉包括"共和国勋章""八一勋章""国家最高科学技术奖",等等,这些荣誉的设立与授予,在精神层面上,不仅激发了各行各业的工作者在社会主义建设事业上更加奋发进取,同时也潜移默化地激发广大民众的爱国之情、自豪之感和自信之心。在认识层面上,使广大民众能够更加认识到国家复兴、科技进步、经济发展等的来之不易,是千千万万的社会主义建设者锲而不舍、兢兢业业、艰苦奋斗创造出来的成果。通过荣誉的授予,社会民众得以更加直观和深入地了解到国家各项制度、大政方针政策以及发展道路、发展目标的科学性和先进性,从而不断强化实现中华民族伟大复兴中国梦的感染力、凝聚力和向心力,在政治生活中积极支持和拥护国家改革发展的各项举措,积极投身到社会主义建设中来。

市民荣誉制度承继了国家荣誉制度的价值导向,简而言之,就是通过对典型的选树,增强民众的国家(城市)认同感,汇聚时代发展的磅礴力量。曼纽尔·卡斯特(Manuel Castells)在《认同的力量》一书中提到认同的三种类型:合法性认同(legitimizing identity)、抗拒性认同(resistance identity)和规划性认同(project identity),而其中,当社会行动者基于不管什么样的文化材料而构建一种新的、重新界定其社会地位,并因此寻求全面社会转型的认同,即规划性认同。② 荣誉制度对于获奖者的影响可以归于规划性认同。

---

① 曾水英、殷冬水:《国家认同何以形成?——以爱国主义教育中的"国家叙事"为分析中心》,《江汉论坛》2020年第10期。
② [美]曼纽尔·卡斯特:《认同的力量》,曹荣湘译,社会科学文献出版社2006年版,第9页。

可以说,快节奏的现代化进程改变了传统的社会生活方式、文化传播方式、人与人之间的交往方式以及价值观念的塑造方式,造成一些社会民众的归属感和政治认同处在迷茫和模糊不清的境地。通过特有的方式重构社会民众的情感寄托与价值归属,是重塑公民文化、政治参与、家国情怀的重要方式。

二、激发社会公众的参与、融入和获得感

国家发展阶段的转变对推动社会全面均衡进步、和谐发展的要求不断提高,社风和民风方面的不足也逐渐暴露出来,挑战着社会的道德底线和法律红线,成为社会发展亟待解决的重点问题。比如,主流价值引导不足和法规制度建设不健全导致的诚信缺失,致使假冒伪劣商品泛滥,电信诈骗花式百样;一些反华的西方国家宣传的享乐主义、拜金主义、极端自由主义等价值,荼毒中国民众,抹黑国家权力的行使,攻击党的执政,使民众的价值选择出现混乱、迷茫,特别是一些普通民众,分辨能力和政治敏感不足,使得一些错误的思想理念在民众中大行其道,败坏了社会生态。社会主义核心价值话语体系是文化软实力的灵魂,是当代中国凝聚社会共识、参与全球治理的文化名片[1]。从这个角度来说,荣誉制度建立和授予的标准均符合贡献巨大、声誉崇高、道德高尚、群众公认等要求,正是弘扬社会主旋律,培育和践行社会主义核心价值观的题中应有之义。如此,国家荣誉制度通过国家与个体互动的方式引领社会发展,实现价值引导,成为"整个社会生活能够有效运作的不可或缺的一环"[2]。归根结底,是荣誉制度体现了人民性,"国家荣誉体系坚持人民是推动社会生产力进步和创造社会历史的主体,尊崇人民在历史发展中的地位,彰显人民在中华人民共和国创建史上的功绩,强调劳动人民在国家建设中的贡献,以此塑造中国的国家认同。国家荣誉体系

---

[1] 李曙光:《社会主义核心价值话语体系的跨语际实践》,《南京师大学报(社会科学版)》2020年第6期。
[2] 孙立平:《劳模评选的尴尬》,《中国改革》2005年第6期。

的人民性决定了国家最高荣誉具有的至上权威"。① 只有这样,荣誉制度才能激发社会公众的参与、融入和获得感。

市民荣誉制度从弘扬社会正能量、树立先进标杆、践行社会主义核心价值观三个维度激发社会公众的参与、融入和获得感。首先,弘扬了社会正能量。市民荣誉制度的获得者往往是在建设和捍卫中国特色社会主义伟大事业中做出突出贡献、具有崇高精神风范,以及在抢险救灾、处置突发事件或者完成重大专项任务等工作中表现特别突出、事迹特别感人、群众公认的个人和集体。通过广泛宣传荣誉获得者的光辉事迹,不仅传播了正能量,而且使社会民众的内心受到洗礼,感受到社会道德模范、优秀集体和先进个人的优良品质,进而产生"见贤思齐"的社会效应。"荣誉,在它最受人们重视的时候,比信仰还能支配人们的意志;而且,甚至在人们毫不迟疑和毫无怨言服从信仰的指挥时,也会基于一种虽很模糊但很强大的本能,感到有一个更为普遍、更为古老和更为神圣的行为规范存在。"②正如2019年上海市白玉兰荣誉奖获得者柏罗第所提及的:"对我来说,上海不仅成就了我的事业,也时刻影响着我的个人生活。我的激情、抱负和梦想造就了我的工作、职业和机遇,而这离不开周围环境对我的影响。幸运的是,我决定居住的城市让我从个人生活和职业生活中都能充分地获得满足感。"③其次,树立了先进标杆。社会成员在社会生活中依靠特定的制度法规规范自身的行为,确保在社会关系中能守规矩,不逾矩。市民荣誉制度虽然是明文规定的正式制度,但其蕴含的精神、价值、文明等非正式制度内涵却不容忽视,能够通过社会舆论、传统习俗和习惯潜移默化地调整社会民众的复杂社会关系。通过树立先进标杆,市民荣誉制度能够让广大社会民众明确什么是社会广泛宣传和鼓励的主旋律,什么是社会所反对的具体行为,通过荣誉获得者的道德指引,自觉使社会民众向模范看齐,向优秀学习。最后,践行了社会主义核心价值观。荣誉制

---

① 薛洁:《尊崇人民力量的政治象征系统》,《学海》2023年第5期。
② [法]托克维尔:《论美国的民主》(下卷),董果良译,商务印书馆1989年版,第775页。
③ 《上海白玉兰荣誉奖获奖者柏罗第:上海已成为一座"4D城市"》,https://baijiahao.baidu.com/s?id=1649506343157177595&wfr=spider&for=pc,2024年9月1日。

度所设立的评选资格和评选标准与社会主义核心价值观所宣扬的各个要求在精神内涵上高度一致。市民荣誉制度表彰各行各业的优秀工作者,彰显了尊重人才、尊重知识、尊重劳动的社会氛围和城市品格,尊重社会劳动者所创造的社会财富,肯定社会劳动者的劳动成果,使社会劳动者的个人价值得到社会的认可。市民荣誉制度通过不断弘扬良好的道德风尚,凝聚向善的社会力量,塑造时代的精神脊梁,从而推动社会主义核心价值观走深走实。

三、链接国家(城市)与社会(民众)之间的政治纽带

荣誉作为来源于特定组织的社会评价[1],从理论上来看,"获得荣誉"是一种"评价性利益"[2]。也就是说,各种不同类型的组织都有赋予特定个人和团体以荣誉的权力,只是说,在其中,以国家的名义颁授的荣誉称号具有最高的权威和信誉,因而国家也就成为荣誉的主要来源和荣誉制度的主要建构者。即使有些荣誉交由各级社会组织去评选,但其背后仍然是以国家作为信誉保障的,突出地表现为专业化很强的职业性荣誉。比如,中华全国新闻工作者协会颁发的长江韬奋奖、中华环境保护基金会颁发的中华环境奖等,以这些为代表的职业荣誉的评选和表彰在某种程度上依然是由一种国家支配的模式在运作,是一种关乎社会控制和社会承认的项目[3]。国家荣誉制度有着很强的政治属性,国家荣誉及其制度既是一种规范性的合法性表达方式,也是一种事实上的合法性表达形式,是一种价值与事实一体化的表现。"国家荣誉制度从荣誉的内在品性出发,通过制度化的形式强化个体与共同体之间的关联,培育出有活力的公民与强健的国家。"[4]国家荣誉制度成为合法性的外在表现形式,但同时,国家荣誉制度不仅承载了国家荣誉的价

---

[1] 杨波:《荣誉权独立性检讨——以荣誉权立法漏洞为考察进路》,《西部法律评论》2012年第5期。
[2] 满洪杰:《荣誉权作为独立人格利益之质疑——基于案例的实证分析》,《法商研究》2012年第5期。
[3] 黄顺铭:《制造职业荣誉的象征:中国官方新闻奖的制度实践(1980—2013)》,《国际新闻界》2014年第6期。
[4] 阮汨君:《国家荣誉制度的宪法整合逻辑》,《开放时代》2022年第4期。

值理念,也在事实上成为合法性可以汲取的资源,是合法性再生产的重要来源。对于荣誉制度而言,链接国家(城市)与社会(民众)之间最为核心的价值观是爱国主义。"在相应的法律法规和政策制度中融入爱国主义元素,将爱国主义教育与普法活动、制度实施相结合,最大限度地筑牢了爱国主义教育的制度根基。"[①]而市民荣誉制度既包括国家荣誉制度在地方的实践,也包括城市探索发展的荣誉实践,整体而言,市民荣誉制度是国家荣誉制度的地方化(城市化)。因而,如同国家荣誉制度作为链接国家与社会的政治纽带,市民荣誉制度也可以说是链接城市与民众的政治纽带。市民荣誉制度政治认同功能的实现,是强化荣誉制度的桥梁纽带地位,使得国家(城市)倡导的主流价值观能够获得民众的理解与支持,建构一种公民的荣誉感、归属感和获得感,以此建构公民的政治认同。

第二节　制度逻辑:荣誉制度是政治制度的重要组成

在政治领域中,荣誉往往代表着对个人或团体的高度评价和认可,通过授予荣誉,政府和社会可以表彰那些为国家和人民做出重要贡献的人士,激励更多人积极参与到社会建设中来。荣誉制度作为政治制度的重要组成部分,在稳固存续性动力的同时,充分发挥了驱动性动力的作用,在社会建设和发展中扮演了重要角色。

一、荣誉制度与政治发展相适应

荣誉制度是中国特色社会主义制度的重要组成部分,是完善的国家政治制度建设的关键制度设计,荣誉制度的不断完善,使得荣誉的表彰工作、价值塑造和引导工作有了明确的制度规范和制度指引。作为国家制度体系

---

① 蔡中华:《党和国家功勋荣誉表彰制度推进爱国主义教育:价值意蕴、内容指向与实践理路》,《思想理论教育导刊》2024年第3期。

的一部分,荣誉制度在其他制度的运行中,起到了相辅相成、相互促进的作用,为社会主义核心价值观的践行、社会民众价值的引导、社会风气的引领等相应制度的落实,提供了动力支持,并多层次、多举措地挖掘了制度绩效。中国特色社会主义制度是一个完善的制度体系,在涉及国家建构、社会运行、市场经济以及民众生活的方方面面,都进行了制度设计,从而能够确保持续力和活跃力两种存续性动力在国家发展动力链中平稳运行,同时也需积极探索实现治理升级的制度设计,从而能够发挥好驱动性动力在国家发展动力链中的重要牵引力。对于每个国家(城市)的发展而言,国家(城市)发展需要与时代相适应的国家(城市)精神,荣誉制度就是国家(城市)精神的集中体现,彰显出国家(城市)的历史底蕴、文化魅力和内涵特质,能够有效提升国家(城市)的吸引力、创造力和竞争力。也就是说,荣誉是政治发展运行的普遍现象,是一种长期有效的表彰,既是对历史发展的总结,也是对未来发展的展望,更是对现实政治发展的理解。这就意味着荣誉制度必然是需要与政治发展相适应的,虽然可能存在着滞后或超前的现象,但并不可能超越时代,也不可能摆脱历史的局限。

二、作为法律制度的重要组成部分

"国家荣誉制度是宪法体系的重要组成部分,也是宪法规定的国家重要制度。"[1]在现代国家,法治是国家治理的基本方式,是国家治理现代化的重要标志,国家治理法治化是国家治理现代化的必由之路。通过健全和完善国家治理法律规范、法律制度、法律程序和法律实施机制,能够形成科学完备、法治为基的国家治理体系,使中国特色社会主义制度更加成熟、更加定型、更加管用,并不断提高运用社会主义法治体系有效治理国家的能力和水平。在法治语境下观照中国特色荣誉制度的建设,不难发现,建设中国特色荣誉制度可以说是现代法治社会制度建设对传统人治社会道德教化的一种

---

[1] 李涛:《国家治理现代化视域下国家荣誉制度的法治逻辑与价值意蕴》,《学习与探索》2024年第4期。

扬弃。荣誉制度的公正原则要求通过法的形式来实现,荣誉制度内含法治原则,其实质在于国家荣誉制度对公正原则的实现,在此基础上推进全面依法治国的贯彻落实。2015年《中华人民共和国国家勋章和国家荣誉称号法》是国家荣誉制度作为一项法律制度被确认下来的集中体现,这更是国家荣誉制度发展的重要制度化导向。以此为据,荣誉制度的建立与实施都需遵循法治原则,比如荣誉的设定由哪个机关以什么方法创制等,都需以法律的形式加以明确。

依法实施荣誉制度,具体包括:符合法定荣誉授予的权限,克服任意实施国家荣誉行为;符合法定授予荣誉的条件。而获得国家荣誉的条件必须依据法定条件进行,不得擅自变通,不得以自己的意志和喜好代替公正执法;符合法定荣誉形式,实施时依法适用;符合法定荣誉程序。程序合法是现代法治的基本原则和具体要求。荣誉制度的实施必须严格履行法律规定的程序,在没有明确的法定程序的情况下,要符合正当程序原则的要求,依法追究法律责任,明确各方的权利与义务。荣誉制度要求国家以立法的形式将国家荣誉以法律形式进行保障,从而为荣誉提供合法性保证。正是荣誉制度内涵的法治原则和法治理念在社会上形成了内化的自律效应,从而规范了社会成员的行为,激发了每个社会人的道德感和责任感,认同并遵守社会的道德要求和荣誉制度的法律规范,在符合规则的前提下发展自身,同时也对社会做出积极贡献。

三、中国特色社会主义事业的制度保证

国家荣誉制度的建构是一种国家主导的政治行为,旨在塑造价值共识,是一种精神文明的最高表彰,彰显了国家倡导的价值观,是对世俗化、功利化、污名化的一种反击。从这个意义上来说,国家荣誉是"国家价值选择的载体"[1],是"价值权威性分配的重要途径"[2]。换言之,荣誉制度是荣誉与制

---

[1] 沈开举:《维护国家荣誉制度的权威和公信力》,《人民论坛》2012年第36期。
[2] 韩志明、史瑞杰:《国家荣誉的社会认知——基于问卷调查数据的实证分析》,《中国行政管理》2015年第10期。

第四章　变迁逻辑：改革开放以来上海市民荣誉制度发展变迁的三重逻辑　/　117

度的结合，联结的纽带则是国家倡导的价值。"国家荣誉制度不仅是表达国家意识形态和核心价值观的手段，也是引导和激励人们积极投身国家建设和社会发展的重要工具，同时还是维护国家利益的重要方法。"[①]作为价值载体的国家荣誉铸造政治象征、构建政治认同、彰显国家精神，是文化软实力的体现，能够为发展提供思想引领、精神力量和人文滋养。通过价值整合，国家荣誉能够实现社会引领、价值引导，形成一种政治共同体，在其中，公民围绕着国家设立的荣誉标准开展荣誉锦标赛，力图使自己的行为与思想符合国家倡导的价值，"使得民众被逐步纳入到国家的意志系统，国家意志就得以作为普遍公认的标准而影响人们的选择"[②]。对于国家而言，通过制定荣誉制度，让全体公民都有参与的可能与机会，但同时要确保荣誉的差异化获得，以此实现荣誉获得者引领社会发展，实现价值引导的作用；对于个体而言，荣誉"既是一种相当熟悉和平常的实践，也是一种高度陌生和隔膜的实践"[③]，熟悉和平常指的是公民参与到荣誉制度竞争中的门槛并不高，做好日常本职工作都有相应的可能和机会，但同时受到来自国家制定的一整套标准的制约，又显得高度陌生和隔膜。

荣誉制度作为一个载体，连接了国家和社会，通过荣誉制度的执行，国家与社会形成多元互动，使得国家能够在全社会范围内弘扬正能量，唤醒民众与国家共命运；荣誉制度的执行，也旨在向全社会昭示国家对卓越贡献者的崇高敬意，进而激发公众的奋斗精神和爱国情怀，共同推动国家的繁荣与进步[④]。荣誉制度涉及社会生活的方方面面，覆盖社会主义建设事业的各行各业。荣誉制度的设立推进了制度供给侧改革，整合了激励制度的各项举措，满足了治国理政的实践需要。此外，荣誉制度对于干部的塑造和人才的

---

① 李涛：《国家治理现代化视域下国家荣誉制度的法治逻辑与价值意蕴》，《学习与探索》2024年第4期。
② 韩志明、顾盼：《价值分配的国家逻辑——以"典型政治"及其运作为例》，《新视野》2016年第5期。
③ James F. English, *The Economy of Prestige: Prizes, Awards, and the Circulation of Cultural Value*, Cambridge: Harvard University Press, 2005, p.1.
④ 左高山：《论国家功勋奖励制度的内涵与结构》，《科技进步与对策》2007年第7期。

培养起到了潜移默化的作用,不仅激励广大党员领导干部在自身的岗位上敬业奉献,敢于担当,敢于作为,敢于为人民群众谋福利,而且提升了党员干部干事创业的积极性和创造性。2020年2月23日,习近平总书记在统筹推进新冠肺炎疫情防控和经济社会发展工作部署中指出,对在斗争一线表现突出的先进集体和个人,要根据情况分层分级予以表彰和嘉奖[①]。这既体现了国家对英雄的尊重,对爱国奋斗鲜明旗帜的高举,也是培育和践行社会主义核心价值观,激励中国人民不断攻坚克难、凝聚改革创新强大精神动力的需要,这一部署也在全社会凝聚了共识和力量,众志成城,共克时艰。如此,荣誉制度从凝聚力的角度将荣誉与制度结合在了一起,确保了中国特色社会主义事业的行稳致远。

第三节 技术逻辑：荣誉制度是国家治理的重要工具

在技术层面,荣誉制度是国家治理的重要工具选择。荣誉制度作为"礼"具备很好的软实力性质,通过选树典型,荣誉实现了价值性分配,而荣誉制度的践行则是将制度优势转化为治理效能的关键一招。

一、作为"礼"的荣誉制度是国家治理的重要工具

"实际上,政府对道德生活的控制和干预,除了运用惩罚的手段外,还常常会采用奖赏手段来激励美德的行为,褒奖是促进公民服从的激励手段。"[②]从某种程度上来说,荣誉制度就是一种"礼",作为道德革命的荣誉制度的生成与建构,其核心问题就是荣誉与社会关联的问题[③],也就是如何通

---

① 《习近平出席统筹推进新冠肺炎疫情防控和经济社会发展工作部署会议并发表重要讲话》,https://www.gov.cn/xinwen/2020-02/23/content_5482453.htm,2020年2月23日。
② 丁大同:《国家与道德》,山东人民出版社2007年版,第207页。
③ [美]奎迈·安东尼·阿皮亚:《荣誉法则:道德革命是如何发生的》,苗华建译,中央编译出版社2011年版,第3页(序言)。

过对荣誉的差异化承认与权威性分配,建立国家与公民之间的关联,从而实现对社会的整合。在古代中国,"礼"被认为是一个国家稳定兴盛的重要因素,"尊礼"就可以保有国家,维护国家形象,否则就会政治昏暗、上下混乱、国家危亡。"礼"是治理国家的一种重要手段。通过构建严苛的社会等级秩序,借助"神圣"的仪式安排,表彰功勋卓著的人物,比如受到君主、帝王的接见等,在这个过程中彰显社会等级的界分,并对不同的社会功能形成差异化的对待,从而在国民心理上潜移默化地形成对等级名分、尊卑秩序的遵从,并内化为自身的精神气质、观念意识和行为习惯。在古代中国,"礼"可以说几乎涵盖了社会的各个领域,广泛地渗透在政治生活领域和包括家族日常生活在内的一切社会活动中。

国家发展动力链的高效运转需要润滑剂,作为"礼"的荣誉制度承担了道德教化的作用,它能够有效地润滑发展动力间的关系,减少摩擦和冲突,使国家发展更加稳定、和谐。习近平总书记指出:"要重视发挥道德的教化作用,提高全社会文明程度,为全面依法治国创造良好人文环境。"[1]不同于国家通过公安机关、检察院、法院等开展的强制性权力认同来实现对社会的治理,国家荣誉制度实现对社会治理的方式是通过"软实力"的方式开展的,也就是通过颁授荣誉称号和荣誉勋章,承认特定个人或团体的社会贡献,引导全社会对国家确立的荣誉标准形成认可,从而激发全社会对国家的认同。荣誉制度的不断完善,通过表彰先进模范,能够教人求真、劝人向善、促人尚美,推动社会公德、职业道德、家庭美德、个人品德建设,能够注重培育规则意识、倡导契约精神、弘扬公序良俗,引导人们自觉履行法定义务、社会责任、家庭责任,不断巩固全体人民团结奋斗的共同思想道德基础,为国家(城市)发展提供强大驱动力。

二、以选树典型的方式实现荣誉的价值性分配

作为社会承认与组织承认双重性质的承认形式,荣誉是一种差异式的

---

[1] 《坚持依法治国和以德治国相结合 推进国家治理体系和治理能力现代化》,《人民日报》2016年12月11日第1版。

承认,谋求一种国家和社会的承认①。对于国家承认而言,国家荣誉是以国家作为主体、以荣誉作为手段、对某些行为进行激励的尊重和认可,对于社会承认而言,国家荣誉是对社会上共同认可的某些行为的尊重与认可。"集体性的社会认同构成个体的荣誉,因为对具体个人的尊重和蔑视,取决于我们认为他们属于哪一个社会群体。"②从这个意义上来说,国家荣誉制度就是国家及其社会组织对于某些特定个人与团体的差异化承认,从而实现对作为价值的国家荣誉的权威性分配。这样,就能够实现以积极的导向功能引导社会公众的积极参与,激发公民的积极性、主动性、创造性。因而,这种差异化承认是一种积极的承认性尊重(positive recognition respect)③,正因为如此,对于劳动英雄和模范工作者来说,他们起到了带头作用、骨干作用、桥梁作用,是人民的领袖。值得注意的是,在通过对个人与团体的差异化承认实现荣誉的权威性分配的过程中,国家会有意无意地控制荣誉的类别与规模,保持对个人或团体的差异化承认,从而实现国家荣誉的公信力、权威性、价值性。普通民众与荣誉获得者之间一定的角色距离能够更好地实现对社会的激励,鼓励公民对荣誉知晓、参与、认可,更好地汇聚向心力、凝聚力、感召力。

  荣誉制度作为国家治理工具是通过选树典型的方式实现的。树典型是国家治理的技术,而国家荣誉则具有认证、表彰、补偿和规训等丰富的治理含义。通过选树典型,国家表达了对社会优秀人士事迹的认可与承认,实现了对建构起来的价值的权威性分配,使得倡导的价值观获得社会的认同,将国家的意志与需要通过典型人物与团体传递给普通民众。如此,树典型也就成为"中国共产党延伸政治权力和政治文化的一种重要方式"④。比如,在新冠肺炎疫情防控工作中,为表彰先进、弘扬正气,全面总结疫情防控工作

---

① 张康之、张乾友:《权利、荣誉与职权:承认的三种形式》,《北京行政学院学报》2010年第6期。
② [美]奎迈·安东尼·阿皮亚:《荣誉法则:道德革命是如何发生的》,苗华建译,中央编译出版社2011年版,第63页。
③ [美]奎迈·安东尼·阿皮亚:《荣誉法则:道德革命是如何发生的》,苗华建译,中央编译出版社2011年版,第15页。
④ 冯仕政:《典型:一个政治社会学的研究》,《学海》2003年第3期。

经验,上海市在各区、各部门充分酝酿、集体研究的基础上,经综合评审、统筹考虑,评选出了抗击新冠肺炎疫情先进个人1 000人,上海市抗击新冠肺炎疫情先进集体300个,上海市优秀共产党员100人,上海市先进基层党组织80个。抗疫斗争推荐出来的英雄集体和模范个人具有突出的事迹和广泛的社会影响,具有先进性、典型性和代表性,通过评选表彰,全社会以他们为榜样,积极履行社会责任,无私奉献,用实际行动彰显社会担当。

三、将制度优势转化为治理效能的关键一招

党的十九届四中全会作出了"把我国制度优势更好转化为国家治理效能"的重要决定。制度是一个国家繁荣稳定、社会和谐有序、人民生活幸福的重要保障。国家的制度越成熟稳定,体系化和科学化程度越高,在实践生活中越能够更好地发挥制度的效能,更好地应对风险和挑战,进而推动国家的顶层设计能够有效贯彻实施,推动国家治理体系和治理能力现代化,实现善治。荣誉制度与国家的发展定位、发展阶段和发展水平是同频共振的,也要与社会民众的道德水平提升速度相适应。

荣誉制度是将制度优势转化为治理效能的关键一招,有两层含义。第一层含义指要把荣誉制度优势充分发挥。首先,荣誉制度是根据国家政治生活的需要进行的顶层设计,彰显国家深厚的历史底蕴、政治价值以及人文理念,在此基础上再进行配套措施的建设,从而确保荣誉制度运行顺畅。其次,需要优化配置荣誉制度的资源。制度运行需要大量的社会资源来维持制度的生命力,荣誉制度在运行过程中也需及时进行查漏补缺,针对发现的问题,合理配置人力资源、财力资源等,补齐短板,使荣誉制度涉及的制度相互之间能够衔接协调、相互配合、相互支持,发挥制度体系的合力。最后,荣誉制度与治理理念需要高度融合。荣誉制度建立的价值导向是服务人民,共同营造良好的社会氛围,引导社会主体树立正确的价值观念,真正关切社会主体的价值和尊严的实现,满足人们对于美好生活的向往。荣誉制度以制度的形式表达国家的治理理念、国家意志和国家精神,需不断发挥其制度绩效,从而推动社会向更高层次发展。第二层含义指要通过荣誉制度将其

他制度的优势充分发挥,凸显治理效能。作为一种"创新社会管理的有效软件"[①],荣誉制度能够为其他制度的优势发挥起到良好的辅助、润滑和助力作用。经过长时期的发展,我国在政治、经济、文化、社会、军事、艺术等各个方面的荣誉制度均已经建立起来,基本呈现出全覆盖、全方位、全领域的特征。这就意味着,相关制度在执行时,作为中介的荣誉制度能够为制度实施强有力的激励和促进作用。以公务员制度为例,公务员录用、考核、奖励、纪律、职务升降、培训、交流、回避、工资、保险、福利、辞职辞退、退休、申诉、控告等各项制度的实施,都有赖于贯穿其中的考核、奖励等制度。一个良好的公务员考核与奖励制度的实施,能够对公务员个体、公务员队伍、公务员制度起到良好的助益作用。比如2022年,以党中央国务院名义表彰的397名"人民满意的公务员"和198个"人民满意的公务员集体"扎实推动了党和国家各项工作部署的落实落地,以他们为代表的公务员个人和集体,用心用情用力解决群众急难愁盼问题,推动了国家打赢脱贫攻坚战、全面建成小康社会等目标的实现[②]。而荣誉制度在其中起到的助益作用不可忽视,可以说为我国胜利实现第一个百年奋斗目标也做出了重要的贡献,凸显了荣誉制度转化为治理效能的优势。

---

① 袁锋:《围绕五位一体布局构建国家荣誉制度》,《人民论坛》2012年第36期。
② 《中共中央 国务院关于表彰全国"人民满意的公务员"和"人民满意的公务员集体"的决定》,https://www.mohrss.gov.cn/SYrlzyhshbzb/dongtaixinwen/shizhengyaowen/202208/t20220831_485101.html,2024年9月1日。

第五章　问题导向：改革开放以来上海市民荣誉制度发展变迁的制约因素

上海市按照国家荣誉制度的相关法律法规，建立了相对完整的市民荣誉制度体系，对市民荣誉的评选、颁授和待遇等都有了更为明确、系统、规范的规定，可以说实现了荣誉制度与上海的政治、经济、文化等方面的深度融合，不仅解决了总体不足的情况，而且呈现出精细化发展的态势。制度绩效的发挥在于制度执行，而制度执行则是推进荣誉治理体系发挥作用的具体实践，也是治理能力的体现，需要在实践中不断提供持续发展的动力。在实践中，制度的供给能力与国家治理能力在某种程度上是等同的[①]，这就对于上海深化市民荣誉制度改革、创新市民荣誉制度等提出了更高的要求。需要进一步深刻领悟和贯彻落实党和国家相关文件精神，贯彻落实《中华人民共和国国家勋章和国家荣誉称号法》的要求，更好地促进上海市民荣誉制度的统一化、制度化、法律化、规范化，以"生产驱动型""发展驱动型""创新驱动型"荣誉的合理设置促进上海城市更好发展。改革开放以来，上海市民荣誉制度的发展趋于成熟定型，但由于城市发展在不同阶段有着不同的发展重点和发展任务，上海市民荣誉制度也依然存在一定的问题和不足，导致荣誉制度的制度效能仍然没有得到更充分地发挥。

---

① 燕继荣：《现代国家治理与制度建设》，《中国行政管理》2014年第5期。

第一节　结构制约：条块分割

上海作为国际化大都市，社会分工细致，容纳的社会行业十分丰富，为了有效激励社会成员，必然要求荣誉的奖励对象更加广泛和具有代表性。然而，一些行业领域对于荣誉制度的激励作用认知不足，认为荣誉的多少与激励程度是呈正相关的，过度依赖荣誉激励，造成条块分割，各个部门之间各自为战，过度追求部门之间的利益，缺乏统一的规范和约束，以至于荣誉过多、过乱等现象损害了荣誉的权威性和激励性。在结构上的条块分割主要体现在三个方面。

一是授予主体在结构上的条块分割，体现在纵向和横向两个维度，主要有三个方面的问题。首先，上海市民荣誉制度的授予主体过于多样化，从性质上可以分为党政军群团组织和非政府组织，从层级上可以分为市级、区级、乡镇级等。上海市民荣誉制度包括了国家荣誉及其制度在上海的实践（如"人民教育家"国家荣誉称号、全国劳动模范）、上海市民荣誉制度的上海实践（如上海工匠、上海市教育功臣、上海市优秀中青年法学家）、其他省区市表彰上海市民的荣誉（如宁波市荣誉市民），以及特殊的类别白玉兰系列奖（如上海市荣誉市民）这四个类别，授予主体基本上囊括了上海市的所有部门和其他省区市对外表彰的部门，导致授予主体过于多元化。如果包括联合颁授的情况，其授予主体还将更加多元。其次，市民荣誉制度的授予主体未能明晰化。国家荣誉制度的国家不仅指荣誉授予的主体，也指荣誉的层级，这在一定程度上制约了国家荣誉制度的扩张冲动，但市民荣誉制度的市民却只指涉荣誉制度的获得者，谁能够获得荣誉主要取决于授予主体设置了哪些荣誉。由于市民荣誉制度的内涵与外延未能明确，因而各级部门往往有着强烈的冲动设置繁杂多样的荣誉，以此彰显部门的权力。这就导致了上级部门不得不经常性开展评比表彰的清理工作，但却又呈现出反弹的趋势。本书对于上海市民荣誉制度概括了前述四个类别，但这并不见于官方文本，也就是说，官方对于市民荣誉并没有一个明确的内涵和外延界定,导致实践中谁都有权力开展市民荣誉的授予。换言之,市民荣誉的解释权在各级政府、各个部门、群团组织等,那么市民荣誉出现过多、过杂、过乱、过滥的现象也就不足为奇了。最后,市民荣誉制度的授予主体缺乏制度规范。除了比较明确的国家荣誉称号、上海市教育功臣、上海市荣誉市民等,存在着大量的临时性荣誉,如"抗疫""抗震救灾"等特殊时期颁授的临时性荣誉,并没有明确的评比表彰单位。即使是常规性开展的荣誉,如"人民满意的公务员"的评比表彰单位,由之前的中组部、中宣部、人力资源社会保障部和国家公务员局授予改为由党中央、国务院授予,也变动比较大。

二是荣誉本身在结构上的条块分割。首先,授予主体的过于多样化、不明晰化和缺乏制度化导致荣誉同质化现象较为严重。仅以教育类为例,由上海市教委及相关教育部门颁授的奖项就有上海市领军人才、上海市优秀学科带头人、上海市浦江计划、上海市曙光计划、上海市晨光计划、上海市阳光计划、上海市"四有"好教师(教书育人楷模)、上海市教卫工作党委系统优秀共产党员、上海市园丁奖、上海市社科新人、上海市育才奖、上海市最美校长(园长)、上海市最美班主任、上海市教育系统优秀教职工,等等。此外,还存在着国家层面的教育类荣誉,如由教育部评授的关于教师资助计划的荣誉就有跨世纪优秀人才培养计划、优秀青年教师资助计划、高等学校骨干教师资助计划、教育部留学回国人员科研启动基金,等等。事实上,荣誉的过多、过杂、过乱、过滥问题已经引起了有关部门的注意,"据报道,2006年至2009年期间,全国共清查出各种评比达标表彰项目148 405个,保留了4 218个项目,总撤销率为97.16%。"[①]其次,授予主体的过于多样化、不明晰化和缺乏制度化导致荣誉奖项设计缺乏合理性。上海市荣誉制度的现行法律规定中,对于各个授奖主体单位的奖项名称设计没有具体的要求,因此除了行业规范比较明确的公务员序列、教育序列、医疗序列,大多数行业奖项往往是自行进行设定。缺乏统一的法律规定,导致奖项名称的设置和增加都相

[①]《全国评比达标表彰工作小组负责人就规范评比达标表彰活动工作答本网记者问》,http://politics.people.com.cn/GB/15748046.html,2021年9月28日。

当具有自由性。例如很多行业参照行政单位或者国家级荣誉奖项的名称设置,设立"模范""先进工作者""优秀工作者""标兵""工匠"等,一些部门在奖项名称设计上也采取如"十大杰出青年""杰出奖""突出贡献奖""大奖""金奖""成就奖"等。过多、过杂的荣誉名称,造成社会民众对于荣誉认知的混乱,导致在现实社会中对荣誉奖项难以辨认,降低了人们对于荣誉的敬畏之心,认为一些荣誉可有可无,没有什么权威性和可参考性。这在一定程度上损害了荣誉制度的严肃性和权威性,不利于荣誉制度的深化和发展。最后,授予主体的过于多样化、不明晰化和缺乏制度化导致荣誉奖项实物设计也缺乏规范。大部分荣誉奖项的实物奖励,例如勋章、奖章、奖状、奖牌和证书,在规格、样式设计、制作、佩戴方面,也没有统一、明确的规定和要求。一些荣誉的奖励有的仅仅是精神层面的,有的是物质奖励与精神奖励相结合,有的是采取灵活的多种激励模式,造成一些荣誉在实践中被"冷落",一些荣誉奖项被"追捧"。缺乏规范削弱了荣誉制度的价值引导和激励功能,也造成了荣誉制度在表彰中的混乱,可以说对于社会价值的引领产生了错误的导向和示范作用。

三是评比标准在结构上的条块分割。上海市民荣誉制度依据不同的荣誉设置不同的标准、条件和指标,而现行的各类荣誉制度的评审标准大多使用定性指标。整体来看,"生产驱动型"荣誉通常以表彰那些在生产领域做出突出贡献的个人或组织为主,鼓励他们通过更高效、更节约、更环保的方式进行生产,为国家、社会和人民创造更多的物质财富;"发展驱动型"荣誉通常以表彰那些在教育、医疗、文化、科技等领域做出突出贡献的个人或组织为主,鼓励他们通过自己的努力,推动社会各个方面的进步和发展,提高人民的生活水平和幸福感;"创新驱动型"荣誉通常以表彰那些在科技创新、制度创新、管理创新等方面做出突出贡献的个人或组织为主,鼓励他们通过自己的创新实践,推动国家、社会和人民不断向前发展。总的来说,定性指标在市民荣誉的评审过程中操作相对简单,能反映荣誉授予候选人一定的宏观情况,能相对清晰地表达获得此荣誉的具体条件和难易程度,但也存在条块分割的问题。首先,授予主体的过于多样化、不明晰化和缺乏制度化导致部分市民荣誉的标准设置相对比较笼统、模糊,边界不够清晰,如部分市民荣誉要求"做出突出贡献""产生巨大社会效益""具有重大社会价值""得到业界专家认可",等等,往往比较难以界定,特别当针对一些自然科学、前沿领域,囿于荣誉评审者的专业素养、个人偏好、地域文化、学科背景等,对于一些专业的成果鉴定可能就会存在认知偏差,容易增加评审结果的误差。其次,一些针对新兴行业创设的荣誉,在初期设置标准可能相对简单,但是这些标准却并没有随着行业的发展速度与时俱进,导致评审标准相对较低;不同地区发展水平参差不齐,采用的评审方法和技术也不尽相同;一些市民荣誉的侧重不同,各个指标之间所占的比重也不同,导致评审结果因评审标准的不尽相同也不同,如部分荣誉采用网络投票,网络结果占比较大,其他指标则是辅助性的,一定程度上破坏了市民荣誉制度的公平性原则。最后,部分市民荣誉采用分级推荐,部分市民荣誉采用内部推荐,这些推荐形式都会导致参差不齐的评审标准和评审方式,导致荣誉奖励机构、评审办法和评审指标出现差异化的特性,甚至会出现低等次的荣誉没有评审上、高层次的荣誉却评审上的乱象。

第二节 组织制约:缺乏管理统一性

市民荣誉授予主体的过于多样化、不明晰化和缺乏制度化的特点,虽然在某种程度上可以激发创新活力、扩大社会影响力,但也带来了权威性丧失、管理难度增加、评选缺乏法治保障、资源整合出现弊端等问题,造成了组织管理上缺乏统一性的问题。我们从三个维度进行分析。

一是荣誉授予主体的过于多样化、不明晰化和缺乏制度化导致管理难度增加。市民荣誉授予主体是市民荣誉制度的重要组成部分,是市民荣誉制度的实施者、组织者和颁授者,不同的市民荣誉授予主体决定着市民荣誉授予的方式方法,决定着市民荣誉制度实施的程序设计。经过改革开放,中国形成了完备的工业体系,各行各业繁荣发展,这就决定了在各个专业领域和行业部门需要形成复杂多样的授予主体。上海市根据社会发展和政治经济体制改革的需要，荣誉奖励主体呈现更加多元化的态势。主体过于多样化意味着管理上必然是多头的，在条线上，上级对下级开展了多少市民荣誉的评比表彰是难以准确掌握的，而在块上，各级政府对下属各委办局和事业单位开展了多少市民荣誉的评比表彰也是难以准确掌握的。授予主体未能清晰化使得谁有资格评比表彰市民荣誉难以明确，带来的结果必然是上级部门对下级部门开展评比表彰时采取选择性的模糊策略，不愿意或者难以对下级部门的评比表彰进行审查审核，多数只能以备案的形式行使知情权。各级政府亦是如此。

随着上海市民荣誉制度的不断发展，荣誉制度的授予主体已经不单单是政府权力机关，而是越来越多的专业组织来组织职业荣誉的生产[1]，这就造成不同组织机构之间的利益冲突，并且还容易造成部门间、地区间的争相评审、争抢奖励名额或配额的问题。这一方面不利于评审工作的标准化和统一化，甚至造成社会组织与政府组织在市民荣誉奖励主体上出现交叉；另一方面，一些机构私设荣誉类目，通过暗箱操作牟取私利，造成了极为恶劣的结果。由于授予主体的不明确，部分地方荣誉奖项，既有地方人大常委会决定授予的，也有地方党委机关或政府单独行文决定授予的，还有地方党委机关、政府与其他社会企事业部门、团体组织联合行文决定的。以上海为例，主办评比达标表彰活动的单位既有国务院部委、直属机构（"GB"），全国性社团组织（"GS"）等国家相关部门；还有市人民政府（"SF"），市政府部门（"SB"），市具有行政管理职能的事业单位（"SY"），市社团组织等市级政府部门和团体（"ST"）；还有区县人民政府（"QF"），区县政府部门（"QB"），区县具有行政管理职能的事业单位（"QY"），区社团组织等区级政府部门和团体（"QT"）；更有街道（社区）办事处（"JD"），乡镇人民政府（"XZ"）等乡镇一级部门和团体[2]。可谓主体繁多，其管理难度可想而知。

---

[1] 黄顺铭：《制造职业荣誉的象征：中国官方新闻奖的制度实践（1980—2013）》，《国际新闻界》2014年第6期。

[2] "GB""XZ"等是主办评比达标表彰活动单位的代号，参见《上海市人民政府办公厅转发市监察委等十部门关于本市清理评比达标表彰活动实施意见的通知》，https://www.shanghai.gov.cn/nw16796/20200820/0001-16796_9971.html，2024年8月3日。需要说明的是，这里并不包括本书所提及的其他省区市表彰上海市民的相关荣誉实践。

二是荣誉授予主体的过于多样化、不明晰化和缺乏制度化导致权威性的丧失。首先，同一个奖项在同一时间段由不同的主体授予。比如"人民艺术家""优秀艺术家"称号，上海市文联、文旅部门、演艺集团、演艺协会等都颁授此类奖项。其次，同一奖项在不同时间段由不同的主体授予。比如"上海市三八红旗手"2009—2010年度是由上海市人力资源和社会保障局、上海市妇女联合会、上海市公务员局颁授的，但2013—2014年度则是由上海市妇女联合会、上海市人力资源和社会保障局颁授；2012年的"上海市青年五四奖章"是由共青团上海市委员会、上海市人力资源和社会保障局、上海市公务员局颁授的，但2015年的"上海市青年五四奖章"则是由共青团上海市委员会、上海市人力资源和社会保障局颁授。最后，几近相同的荣誉由不同的主体授予。比如一段时间以来，虽然"上海市教育功臣"与"上海市科技功臣"的主办单位均为上海市政府，但"上海市教育功臣"是由上海市教委颁授，"上海市科技功臣"则由上海市政府表彰，一定程度上造成了社会的不解与误解。除此之外，上海市所辖各地区政府部门和机构设立的荣誉奖项，由于种类繁杂和数量较多，也同样缺乏统一性和系统性，难以分辨和比较其级别关系。这些问题导致的结果是，普通民众混淆各类奖项，对于各项荣誉出现认知混乱，不仅使荣誉获得者的荣誉感降低，而且损害了荣誉制度的权威性，降低了荣誉制度对民众的教育引导功能。

三是荣誉授予主体的过于多样化、不明晰化和缺乏制度化导致荣誉制度之间的不可比。社会组织参与荣誉奖励虽然在一定程度上加强了荣誉制度的参与性，增加了政府与非政府组织的协作交流，但是由于缺乏统一的奖励管理部门和奖励审查部门，导致奖励主体关系错综复杂，对荣誉奖励的实践造成了一定障碍。缺乏统一的奖励管理部门导致荣誉奖项分散于社会的各专业领域，缺乏统一的奖项级别管理规范，导致不同领域的奖项很难进行横向的级别比较。目前，地区和行业间的差异较大，缺乏横向沟通，使得统一规范的奖励标准难以形成，也致使同一贡献或成绩在不同的系统或不同的地区中获奖与否或获几级奖励存在明显差异。现行的荣誉制度在实践中,不同领域的荣誉奖项无法进行横向的级别比较,这不仅会给绩效评估工作带来一定的判别困难,而且容易削弱和降低荣誉获奖者的社会公平感。因此,缺乏统一的奖励管理部门和奖励审查部门,不仅破坏了现行的荣誉奖励制度的统一性和完整性,同时也阻碍和削弱了荣誉制度运行管理的效率和公平,难以有效且充分地发挥荣誉制度的激励效果。

第三节　程序制约:流程缺乏标准化

一般而言,市民荣誉的评选表彰可以分为发布通知、组织评比、公示表彰三个主要环节。其中,除了公示表彰环节基本上能做到标准统一,发布通知和组织评比环节则并没有统一标准。在公示期满后,目前基本上会采取表彰大会的形式公开给荣誉获得者予以表彰,以示组织对荣誉的重视和对人才的尊重。本书表2.1所列荣誉基本都是以开展表彰大会等形式进行表彰。表彰大会的形式除了给荣誉获得者带来极大的尊重感,最为重要的意义在于宣扬了国家(城市)所提倡的价值观,通过公开表彰先进,鼓励所有市民在本职岗位上不断超越自我,努力追赶先进,从而形成良好的社会氛围。

作为市民荣誉评比表彰的第一步,发布通知起到了告知和指导的作用,也体现着市民荣誉评比表彰的公开透明。在这里,发布通知有三种情况:一是有明确的法律法规制度,即发布通知是一种例行行为。比如,根据《教师法》《教师和教育工作者奖励规定》《公益事业捐赠法》《基金会管理条例》《人力资源和社会保障部　教育部关于表彰奖励的通知》等相关规定,2024年6月教育部下发了《教育部办公厅关于开展2024年度全国教育系统先进集体和先进个人、全国最美教师推进工作的通知》。二是没有明确的法律法规制度,发布的通知就是某种市民荣誉的最高制度解释。比如,在上海举办了举世瞩目的世博会之后,根据上海世博会宣传及媒体服务指挥部志愿者部的《关于做好上海世博会志愿者表彰工作的通知》,上海开展了"上海世博会优秀志愿者""上海世博会志愿者工作先进个人""上海世博会志愿者工作优秀团队"的评选表彰。在《关于做好上海世博会志愿者表彰工作的通知》中,对优秀志愿者、杰出志愿者、志愿者工作先进个人、志愿者工作优秀团队等的评选条件进行了规定。由于上海世博会属于非常规性活动,发布评选表彰通知就是对上海世博会志愿者评比表彰的最权威解读。需要说明的是,除了抗疫、抗震、世博会等临时性的评比表彰可以以通知代替制度,其他绝大部分常规性的评比表彰其实并不适用于以通知替代制度。这不仅是市民荣誉制度化的内在要求,也是某项市民荣誉本身制度化的必然需要。通知的临时性意味着市民荣誉的评比表彰缺乏稳定性和长期性,随时有可能因为领导人的变更、注意力的变迁等发生变化,从而带来市民荣誉评比表彰权威性的削弱。三是初创的市民荣誉制度化建设的条件并不具备,基本上只能以通知的形式开始评比工作的开展。新的市民荣誉在创设之初,需要评比表彰的实践经验,并不适宜一开始就进行制度化建设。针对这样的情况,以通知代替制度是可以理解的,但如果长期如此就违背了市民荣誉制度化的初衷和要求。

组织评比是市民荣誉制度实践过程中最为缺乏明确标准化流程的环节。按照现行的市民荣誉制度,大概有三种形式的组织评比。一是内部评比。如"共和国勋章"、国家荣誉称号等的评选。2024年8月12日,党和国家功勋荣誉表彰工作委员会办公室发布《关于"共和国勋章"和国家荣誉称号建议人选的公示》,根据评选颁授工作部署,在各地区各部门反复比选、集体研究的基础上,经组织考察、统筹考虑,产生4名"共和国勋章"建议人选,10名国家荣誉称号建议人选[1]。不过,在此之前,我们并未看到有关"共和国勋章"和国家荣誉称号评比的相关通知。当然,考虑到这是国家最高荣誉的评比表彰,以组织考察、统筹考虑的形式进行反复比选、集体研究,是慎重的。但是,对于其他市民荣誉而言,除了极个别需要内部评比之外,绝大部分市民荣誉其实应该公开予以评比,从而能够更好地发挥荣誉制度的治理

---

[1] 《关于"共和国勋章"和国家荣誉称号建议人选的公示》,https://www.gov.cn/yaowen/liebiao/202408/content_6968006.htm,2024年9月1日。

效能。二是名额分配给各个单位,由单位内部组织评比确定人选。这是最为常见的一种形式,它照顾到了单位、区域、类别等的平衡,让不同单位、不同区域、不同类别的不可比的人员可以获得同一荣誉。以《关于评选2015—2019年度上海市劳动模范(上海市先进工作者)、上海市模范集体工作意见的通知》为例,这里的"劳动"不仅限于劳动,而包含更多的劳模精神、劳动精神、工匠精神,旨在表彰为本市政治建设、经济建设、文化建设、社会建设、生态文明建设和党的建设做出突出贡献的各行各业、各种经济类型单位的工人、农民、科教人员、管理人员、机关工作人员及其他社会各阶层劳动者(包括在本市工作一年以上的港澳台职工)[①]。很明显,各行各业人员所做的贡献基本上是不可比的,因而将劳模名额分配给浦东新区、上海久事公司、国网上海电力公司、上海市教育委员会、中国铁路上海局集团有限公司、中国东方航空集团公司等,顾及各单位、各区域、各类别,将全市范围内的评比表彰转变为单位内部的评比表彰,以之形成相对公平的形式。但是,不可否认的是,名额分配式的内部评比也有不少弊端,特别是容易成为论资排辈的手段,甚至成为某种补偿的资源。三是公开竞聘。公开竞聘是组织评比环节中程序最为公开的一种形式。比如,2021年第十届"新时代马天民式"十佳优秀社区民警评比中,上海市公安局以总决赛的形式组织了评比。在前期社区推荐、网络海选、专家点评等环节的基础上,长宁分局虹桥路派出所陈波、黄浦分局南京东路派出所朱静怡、杨浦分局五角场派出所姚宏敏等16位民警脱颖而出进入决赛,余秋雨、叶辛、王丽萍、马人俊等嘉宾出任评委。决赛现场,通过故事讲述、播放宣传片、与嘉宾互动等多个评比环节,最终正式产生了第十届十佳优秀社区民警。当选者中,黄浦分局南京东路派出所民警朱静怡将"门磁"系统创新应用于照顾片区内孤寡独居老人的日常

[①] 《上海市人民政府批转市总工会市人力资源社会保障局关于评选2015—2019年度上海市劳动模范(上海市先进工作者)、上海市模范集体工作意见的通知》,https://www.shanghai.gov.cn/nw48504/20200825/0001-48504_63361.html,2024年9月1日。值得注意的是,五年一次的评选对象是变化的,2010—2014年的意见和2020—2025年的评选意见中就明确了港澳台人员不参加评选。

安全,被居民誉为南京路上好民警;长宁分局虹桥路派出所陈波严格履行社区居家管理规定,服务社区居民,也受到市民好评[①]。此外,除上述三种组织评比方式,还存在一些特殊的组织评比方式,如追授、见义勇为直接授予等,但较为临时和特殊,在此不再详述。总之,在流程的规范化和标准化方面,市民荣誉制度还有不少可以改善的空间。

第四节 导向制约:"赢者通吃"、工具化倾向与职权化异变

荣誉制度的构建是一项复杂且系统的制度设计与安排,需充分考虑制度风险。已形成的荣誉制度让我们看到,设计者进行了科学理性的风险研判,参照既有的制度运行经验,构建了一个制度闭环,有效防范和化解着荣誉制度运行中的风险。导向上来看,市民荣誉制度本是为了激励市民积极参与社会活动,激发城市的发展活力,促进社会的和谐与进步。然而,在实践过程中,依然存在着一些弊端,如"赢者通吃"的现象、荣誉制度工具化的倾向,以及职权化异变等情况,这些不仅会削弱市民荣誉制度的公信力,也会败坏社会风气,影响市民荣誉制度对于城市发展动力积极作用的发挥,严重时,甚至会导致城市发展动力失衡,对发展和稳定造成威胁。

某种程度上说,荣誉是层累的、叠加的,一般而言,某一级荣誉的获得是以多个下级或平级荣誉的获得为前提的。然而在实践中,却常常出现许多已经荣获本领域更有影响力的奖项后去申请次一级荣誉的现象,这在一定程度上反映了荣誉制度实践过程中存在的"赢者通吃"局面。如2019年由上海市总工会评选的102名上海工匠中,有25人曾获得"上海市五一劳动奖章",占比高达24.5%;2020年上海市妇联评选的"上海市巾帼创新奖"中,有的曾获上海市领军人才、全国巾帼建功标兵等;2019年"上海社科新

---

① 《上海最新一批"十佳社区民警"揭晓,有你认识的吗?》,https://export.shobserver.com/baijiahao/html/345752.html,2024年9月1日。

人"的评选中,有些已经是教育部"新世纪优秀人才"等更高层次人才计划的获得者了。在调研中,这样的现象比比皆是,究其原因,恐怕主要是参评单位对荣誉过于重视,不愿意让荣誉旁落。这并不是说曾经获得高一级荣誉的就不能申请低一级荣誉,而是说需要避免可能存在的"赢者通吃"现象,否则,很容易造成荣誉过于集中,影响荣誉制度设置的初衷,即人人可及的普遍性、平等性和包容性原则。当一个人或群体已经获得了更高层级的荣誉时,申请低一级的荣誉就显得更为简单,甚至理所当然,在这种情况下,评比表彰的审查管理就显得尤为重要。

在荣誉制度的建构过程中,理论导向与实践认知应该要保持一致,也就是内在规定性与外在实践性应该是统一的,如果有一定的偏差,就会导致理论导向独立于实践认知之外,或者实践认知超越了理论导向。在某种意义上来说,这种独立或者超越是有其积极意义的,可以促进荣誉制度的理论创新或实践拓展,然而,若理论导向与实践认知过度脱节,则会导致理论导向的虚假与空洞,实践认知的不切实际。一个较为典型的案例是,人大代表、政协委员等是公民参政议政的重要身份,但在某些地区的实践中,"对有功之士进行政治安排或职位提升以示奖励的做法导致了各级权力部门,尤其是人大、政协等机构职位膨胀"[1]。这不仅严重损害了国家立法机关和政协机构的神圣性,也严重削弱了荣誉制度的制度效能,造成了荣誉制度的异化。

荣誉奖励的职权化异变指的是,部分荣誉奖励与政治职位和特定的行业权利挂钩,获得荣誉奖励的目的就是获得其所内含的权力,进而通过这种职权进行贪污腐化。在这种不正当思潮的影响下,出现了所谓"职务—权力—荣誉"的"旋转门",以政治级别评定政治荣誉、以政治职位授予政治荣誉,导致了荣誉制度的"官僚化、功利化、人情化"[2],出现荣誉的私相授受。换句话说,由于我国传统的"官本位"思想长期以来在社会民众和职权组织

---

[1] 张树华、潘晨光等:《中外功勋荣誉制度》,中国社会科学出版社2011年版,第85页。
[2] 李和中:《国家荣誉制度改革路径初探》,《东岳论丛》2016年第10期。

中根深蒂固,现行的市民荣誉制度实践过程中,特别是在行政人事方面,容易产生荣誉"官本位"的问题。

荣誉奖励的职权化异变一方面体现在荣誉奖励授予之前,一些荣誉获得者具有行政职务,往往掌握更多的社会资源,更容易通过一些非法途径获得荣誉奖励;而一些荣誉评选也更倾向于依据职务高低"按资排辈",在评选过程中也大多按照"从上而下定人数,分配奖励名额,下级推荐人选,上级直接确认"的评选办法,从而导致职权组织上下级的裙带关系成为评选的潜规则等问题。有的职权机关甚至往往凭上级领导的权力、偏好和意志,干预下级机关的奖励行为,通常都没有按照有关法律规定的范围、程序进行,有较大的随意性。与此同时,部分市民荣誉奖励由于缺乏违反相应规定造成评选不公正结果的处罚措施,使得一些基层单位在奖励推选过程中容易产生人情化和关系化泛滥的问题。荣誉奖励职权化异变在另一方面体现在,一些荣誉奖励成为获得行政职位的重要条件和选拔领导干部的参考指标,荣誉获得者在获得某项业内荣誉之后名利双收,借助荣誉奖励升官发财,使得荣誉奖励成为追逐权力的名利场。比如一些专家学者利用荣誉制度骗取国家的工程项目、科研课题,但成果造假,不仅骗取了国家资源,也损害了国家利益,扭曲了荣誉的激励机制,严重败坏了社会风气。

造成这种现象的原因很多,但总的来说,荣誉获奖者相较其他人更容易获得社会资源以及在资源分配中的优势地位,而这种优势地位可以让获奖者享有更多获奖的机会,能够不断地获得更多荣誉,形成一种优势积累的循环,即荣誉的"马太效应"。一些不法分子就利用这样的累积效应,以荣誉为盔甲,以荣誉为名片和挡箭牌,不珍惜荣誉,滥用荣誉权益,为自己谋取不当利益。不客气地说,腐败分子最喜欢用荣誉来包装自己,充当其腐败的保护伞,通过不正当手段获得荣誉,然后大肆围绕所获荣誉"做文章",实际上是以荣誉为挡箭牌,背地里进行违法乱纪的事情。可以说这些行为的影响极为恶劣,不仅损害了政府部门的形象,也造成了民众对于政府行为的不信任。

第六章　未来探索：全面推进上海市民荣誉的制度化

改革开放以来，党和国家颁布了许多重要的法律法规和文件决定，特别是党的十八大以来，在强调推进国家治理体系和治理能力现代化的背景下，荣誉制度建设获得了较快的发展，荣誉制度的制度化水平明显提升，实现了荣誉制度法律法规的综合化到专门化、非制度化到体系化的飞跃，可以说国家荣誉制度愈加成熟定型，中国特色功勋荣誉表彰体系逐渐建立。根据中共中央印发的《关于建立健全党和国家功勋荣誉表彰制度的意见》，全国人大常委会通过了《中华人民共和国国家勋章和国家荣誉称号法》，其后，《中国共产党党内功勋荣誉表彰条例》《国家功勋荣誉表彰条例》《军队功勋荣誉表彰条例》等一系列配套的法律法规陆续颁布，由此构建起了"1+1+3"的党和国家功勋荣誉表彰制度体系，即，党中央制定一个指导性文件，全国人大常委会制定一部法律，有关方面分别制定党内、国家、军队三个功勋荣誉表彰条例，从而标志着我国确立了以"五章一簿"为主干的统一、规范、权威的功勋荣誉表彰制度体系。

荣誉制度作为国家（城市）发展动力链中的重要组成部分，对于凝聚民心、调动全民积极性、促进社会进步具有不可替代的作用。荣誉制度的生成与建构和一个国家的历史传承、现实政治与未来图景有关，能够体现出荣誉制度的价值逻辑、制度逻辑与技术逻辑。如果认为国家荣誉及其制度是一套更加成熟定型的制度体系的有机组成部分，是国家治理体系的重要组成部分，是国家治理现代化的重要技术工具，那么，国家荣誉制度的设立和完善就应该是一个系统工程①,不仅需要在理论上理顺、在实践上探索、在历史上挖掘,而且也要对其本质特征、发展规律、建设路径等有更为清晰的把握。因此,对于上海而言,一项完整的市民荣誉制度应该是能够体现出其荣誉性、权威性、历史性的制度②。这就要求上海在市民荣誉制度的制定过程中,要依据社会实践发展的现实需要同步跟进,适时调整"生产驱动型"荣誉、"发展驱动型"荣誉和"创新驱动型"荣誉之间的关系,在尊重宪法和法律的框架下,科学合理地进行市民荣誉制度的废与立。同时,市民荣誉制度自身的约束性和规范性要在实践中得到有效贯彻落实,确保其合法性和科学性,确保市民荣誉制度在实践的运行过程中能够充分发挥其价值和作用。国家治理体系和治理能力体现了制度建构的两个核心内容,即制度设计和制度执行③,在这个意义上说,对于上海市民荣誉制度而言,问题的关键是制定一套更带有根本性、全局性、稳定性和长期性的市民荣誉制度体系,实现市民荣誉制度宏观与微观相结合、一般性问题与特殊性问题相结合、传承性与前瞻性相结合,并在实践中完善市民荣誉制度,使之与城市治理现代化相匹配。那么,如何从规范立法、强化管理、突出标准、扩大参与等角度探索更好地建构市民荣誉制度,成为当下的重要议题,也成为上海市民荣誉制度发展的着力点。

第一节 明确各类市民荣誉的固有定位与边界

对于一个城市而言,荣誉数量的多少与质量的高低是衡量荣誉制度是否更加完善的重要标尺。无论何种荣誉,过多、过杂、过乱、过滥都会导致荣誉失真,因而,荣誉制度在荣誉数量的管理上要有一定的度,要确立荣誉制度延伸发展的标准与原则,荣誉制度的质量也要有一定的底线,绝不能粗制

---

① 沈开举:《维护国家荣誉制度的权威和公信力》,《人民论坛》2012年第36期。
② 佟德志、张翠云:《国家荣誉制度及其建设》,《人民论坛》2012年第36期。
③ 俞可平:《走向善治》,中国文史出版社2016年版,第5页。

滥造。对于这一问题,首要的是要束缚荣誉制度主体的权力,明确荣誉制度的定位从而明确权力的边界。因而,从维护荣誉制度公信力的角度来说,要明确荣誉的定位与权力的边界;要明确任何制度的发展都有一定的界限,任何权力都有一定的边界,制度的底线与权力的触角应该有其固有的定位与边界。要在鼓励各级政府、各行业主体探索与本区域、本部门相适合的荣誉制度的基础上,明确荣誉制度的定位,明晰荣誉制度的权力底线和边界,对评定范围、评定程序、评定方式、评定品级等有所限制性规定,消除部门之间、层级之间的"割裂状态"。党的十八大以来,以《中华人民共和国国家勋章和国家荣誉称号法》为代表的法律法规的颁布实施,明确了荣誉分类体系的适度与必要性,为进一步解决荣誉过多、过杂、过乱、过滥问题,为探索分类分级的荣誉制度体系提供了依据。

具体到上海,需要重视两个方面的问题。一是,可以尝试明确上海市民最高荣誉是白玉兰勋章,由市人大通过、市委市政府颁授,奖励对上海发展做出突出贡献的上海市民。除此之外,可以尝试明确每个类别的最高荣誉是上海××功臣(如,上海教育功臣),将授予权统一到上海市委市政府,不再由市科委、市教委等单位颁授,提升荣誉称号的权威性。二是,在市民最高荣誉与每个类别的最高荣誉之外,每个部门、每个地区、每个组织的荣誉数量要有一定的度,要确立荣誉制度延伸发展的标准与原则,明确上海各类市民荣誉的固有定位与边界,确定每项荣誉建立的必要性和合法性。比如,在推行教育均衡发展的过程中,上海市建立了乡村教师荣誉制度,可以说是一种较为明确的创新。按照《上海市〈乡村教师支持计划(2015—2020年)〉实施办法的通知》(沪府办〔2015〕120号)的规定,建立相关荣誉制度是为了更好地奖励某些特殊群体的特殊贡献。加强本市乡村中小学教师队伍建设,能够缩小城乡差异,促进教育公平,推进基础教育优质均衡发展,进一步推动本市城乡一体化发展。因此,把乡村教师队伍建设摆在优先发展的战略地位,建立乡村教师荣誉制度,可以说是一个积极的探索,符合上海市民荣誉制度的分类分级探索要求,对于深入挖掘乡村学校优秀教师典型,广泛宣传乡村教师坚守岗位、默默奉献的崇高精神以及支教教师的先进事迹,充分发挥先进典型的引领示范作用起到了积极作用,同时也能够形成关心支持乡村教师和乡村教育的浓厚氛围[1]。

第二节　探索市民荣誉制度的退出机制

如果说探索市民荣誉制度分类分级体系,明确荣誉的授予主体,避免"职务—权力—荣誉"的"旋转门"等是荣誉制度结构方面的改革的话,那么,探索建立市民荣誉制度的动态管理体系就是过程方面的改革,突出的是要探索市民荣誉制度的退出机制。明确的退出机制是保证市民荣誉权威性的重要一环。从市民荣誉制度的实践来看,明确的退出机制应该包含两个方面的内容。

一、市民荣誉制度本身的退出机制

在原则方面,要本着凡可以撤销的项目,坚决撤销,凡可以合并的项目,予以合并,凡对推动工作有重要作用、确需保留的项目,要说明具体理由的原则,对市民荣誉制度的退出机制予以明确。在层级方面,要对区以下政府及其部门自行设置的评比达标表彰项目进行统一规整,限制设立或控制设立,对于有的单位未经批准擅自举办评比达标表彰活动要坚决制止。上海市曾于2001年、2007年先后下发了《上海市人民政府办公厅关于清理和改进政府系统各类评比活动的通知》(沪府办发〔2001〕1号)、《上海市人民政府办公厅转发市监察委等十部门关于本市清理评比达标表彰活动实施意见的通知》(沪府办发〔2007〕5号)等通知,就贯彻落实中共中央、国务院和上海市相关文件精神,并结合上海市民荣誉制度表彰实际,行使了相关荣誉制度的"退出机制"——评比达标表彰活动清理机制。以2007年《上海市人民

---

[1]《市政府办公厅关于印发〈上海市《乡村教师支持计划(2015—2020年)》实施办法〉的通知(沪府办〔2015〕120号)》,http://www.shanghai.gov.cn/nw2/nw2314/nw2319/nw10800/nw39221/nw39225/u26aw46064.html,2019年1月13日。

政府办公厅转发市监察委等十部门关于本市清理评比达标表彰活动实施意见的通知》(沪府办发〔2007〕5号)为例,市监察委、市纠风办、市编办、市发展改革委、市减负办、市民政局、市财政局、市人事局、市国资委、市政府法制办等十个部门联合发布了《关于本市清理评比达标表彰活动的实施意见》,提出要突出重点,分类指导,坚决防止走过场、搞形式主义,确保清理工作扎实有序开展,实现评比达标表彰活动大幅度减少、保留项目发挥积极作用、基层企业群众负担明显减轻的目标。[①] 目前看来,市民荣誉制度本身的退出机制有必要时隔一定的年限后再次开展。

二、市民荣誉获得者的退出机制

《中华人民共和国国家勋章和国家荣誉称号法》《党和国家功勋荣誉表彰奖励获得者所获荣誉撤销办法(试行)》等法律法规明确了荣誉被撤销、继承等的情形。近年来在实践中,院士等荣誉称号被剥夺的情况已屡见不鲜,但这种由违法犯罪、师德师风败坏等带来的退出机制仍然是临时性的、不够全面的,需要探索明确的退出机制。探索中的《上海市民荣誉制度条例》有必要对标相关法律法规,完善退出机制、问责机制,杜绝荣誉终身制和荣誉护身符的错误想象,形成制度化机制。市民荣誉不能也不应该成为护身符,某种意义上也不应该是终身制的,需明确,涉及违法犯罪等行为的要坚决摘帽,坚持退出机制和问责机制;另外荣誉在评选时应该坚持公平、公正、公开的原则,评选中要确保参与的广泛性。

第三节 探索制定《上海市民荣誉制度条例》

2002年4月9日,上海市第十一届人民代表大会常务委员会第三十八次会议审议通过了《上海市人民代表大会常务委员会讨论、决定重大事项的

[①] 上海市人民政府:《上海市人民政府公报》2007年第6期。

规定》中第三条第六款规定,"市级荣誉称号的授予或者撤销"被列为重大事项,应当提请市人大常委会审议,并由市人大常委会作出相应的决议或者决定。"市级荣誉称号的授予或者撤销"与"为保证宪法、法律、行政法规和全国人民代表大会及其常务委员会决议、决定在本市遵守和执行的重大措施","推进依法治市的有关重要措施","涉及全市人民切身利益的改革方案","本市国民经济和社会发展计划的部分变更、市级预算的调整方案和市级决算"等其他八款并列,体现并强调了市民荣誉的权威性。规定上海市人大常委会拥有授予或者撤销市级荣誉称号的权力,并非否认市委市政府的市民荣誉授予或者撤销权,只是说,强调市人大及其常委会的荣誉授予或者撤销权是为了更加强调市民荣誉的权威性。当然,作为市民荣誉职权的授权性条款,该规定明确了其行使主体、具体内容,但对于具体实践而言,该条款依然属于原则规定,留下了巨大的自由操作空间。因此实践中会发现,依然存在着职权主体僭越、表彰对象不均衡、表彰条件要求偏低等问题。2022年,新修订的《中华人民共和国地方各级人民代表大会和地方各级人民政府组织法》删除了有关地方人大常委会"决定授予地方的荣誉称号"的职权内容。这是对评比达标项目规范管理的重要举措。

不过,删除了上海市人大常委会拥有的授予或者撤销市级荣誉称号的职权,更重要的职权应当是拥有制定(修改)相关法律法规,为上海市民荣誉制度的制度化、规范化、程序化提供法律依据的权利。此前,围绕《上海市民荣誉制度条例》的制定,上海市人大常委会充分发挥了法律制定者的职能,为上海市民荣誉制度的系统集成和制度化、体系化提供了新的可能。

在《上海市人民代表大会常务委员会公报》(总第280号)(市第十四届人民代表大会第五次会议)中,交市人大法制委员会审议的,是由朱鸿召等27位代表提出的《关于制定〈上海市民荣誉制度条例〉的议案》(第012号)。[①] 随后,《上海市人民代表大会常务委员会公报》(总第282号)(《上海

---

① 《市人大法制委员会审议的代表议案2件关于制定〈上海市民荣誉制度条例〉的议案》,http://www.spcsc.sh.cn/n1939/n2440/n3644/u1ai147494.html,2019年6月19日。

市人民代表大会常务委员会公报》〔2017〕第三号)、《上海市人民代表大会法制委员会关于市十四届人大五次会议主席团交付审议的代表议案审议结果的报告》中显示，朱鸿召等27位代表提出的议案获得审议通过。他们指出，目前本市荣誉评选散见于很多部门，荣誉制度条块化、碎片化，需要在制度梳理、顶层设计的基础上，制定《上海市民荣誉制度条例》，更好地发挥市民荣誉制度的价值引领和凝聚人心作用。议案还提出了一些具体的方案。经研究，法制委员会认为，完善上海市民荣誉制度体系，有利于培育和践行社会主义核心价值观。制定《上海市民荣誉制度条例》，实现市民荣誉制度系统集成，具有重要的现实意义。考虑到国务院正在起草制定《表彰奖励工作条例》，建议市政府有关部门密切关注国家立法动态，并结合本市实际，积极开展立法前期调研论证，待条件成熟后，适时启动地方性法规制定工作。①再之后，《上海市人民代表大会常务委员会公报》(总第285号)(《上海市人民代表大会常务委员会公报》〔2017〕第六号)、《上海市人大常委会代表工作委员会关于市十四届人大五次会议代表议案审议结果报告办理情况的报告》指出，市人保局会同有关部门和单位对议案进行了研究办理，将按照《中华人民共和国国家勋章和国家荣誉称号法》等有关规定，结合实际，进一步做好本市荣誉表彰制度地方立法前期调研工作，对本市现有荣誉表彰制度和项目进行梳理整合，做好国家荣誉表彰制度的跟踪关注工作。通过全面调研，研究规划本市荣誉表彰工作体系，为健全完善荣誉表彰制度打好基础。②随后，上海市人民政府办公厅对上海市人大常委会的建议进行了调研和处理，向上海市人大常委会回复了关于办理《上海市人民代表大会法制委员会关于市十四届人大五次会议主席团交付审议的代表议案审议结果的报告》的函，摘录如下。

---

① 《上海市人民代表大会法制委员会关于市十四届人大五次会议主席团交付审议的代表议案审议结果的报告》，http://www.spcsc.sh.cn/n1939/n2440/n3644/u1ai147495.html，2019年6月19日。
② 《上海市人大常委会代表工作委员会关于市十四届人大五次会议代表议案审议结果报告办理情况的报告》，http://www.spcsc.sh.cn/n1939/n2440/n4369/u1ai152710.html，2019年11月14日。

上海市人民代表大会常务委员会公报（总第285号）（上海市人民代表大会常务委员会公报〔2017〕第六号），上海市人民政府办公厅关于办理《上海市人民代表大会法制委员会关于市十四届人大五次会议主席团交付审议的代表议案审议结果的报告》的函

沪府办函〔2017〕36号

市人大常委会办公厅：

沪会办〔2017〕18号文收悉。按照有关规定，市人力资源社会保障局会同有关部门和单位对"关于制定《上海市民荣誉制度条例》的议案（第12号）"进行了研究办理。现将有关情况函告如下：

一、国家荣誉表彰制度情况

党的十八大明确提出"建立国家荣誉制度"，十八届四中全会决定"制定国家勋章和国家荣誉称号法，表彰有突出贡献的杰出人士"。2015年12月27日，全国人大常委会审议通过《中华人民共和国国家勋章和国家荣誉称号法》（以下简称《荣誉称号法》），并自2016年1月1日正式实施。据了解，国家层面还将研究完善相关配套法规制度。

二、本市当前荣誉表彰情况

根据国家和本市评比达标表彰有关规定，本市荣誉表彰奖项主要有：（一）工青妇等组织主办的如上海市五一劳动奖章、上海市青年五四奖章、上海市三八红旗手等。（二）市人力资源社会保障局、市总工会主办的上海市劳动模范。（三）市政府外办主办的上海市荣誉市民、白玉兰荣誉奖、白玉兰纪念奖。（四）党群机关主办的如见义勇为奖、上海市社会主义精神文明好人好事、上海市德艺双馨文艺工作者、上海市优秀志愿者等相关荣誉表彰奖励。通过荣誉表彰工作，树立先进典型，弘扬社会正气，引领社会风尚。

三、下一步工作考虑

为了更好地激励全市人民投入上海改革创新事业，积极培育和践行

社会主义核心价值观,按照《荣誉称号法》等有关规定,结合实际,本市将积极稳妥地推进荣誉表彰制度建设。

(一)进一步做好本市荣誉表彰制度的立法前期调研工作。建议由本市立法主管部门会同相关职能部门学习借鉴国内外"荣誉表彰制度"的经验和做法,做好本市荣誉表彰条例的各项立法前期调研准备工作。通过全面调研,研究规划本市荣誉表彰工作体系,为出台综合性、权威性的荣誉表彰制度打好基础。

(二)对本市现有荣誉表彰制度和项目进行梳理整合。市人力资源社会保障局、市公务员局将会同市评比达标表彰工作协调小组各成员单位,对散见于本市各部门、各条线的荣誉表彰制度和项目进行梳理、整合、归并。同时,提出具有可行性的建议和意见,为建立本市荣誉表彰制度创造条件,预留空间。

(三)做好国家荣誉表彰制度的跟踪关注工作。市人力资源社会保障局、市公务员局将会同市评比达标表彰工作协调小组各成员单位,积极与国家表彰奖励主管部门沟通,及时跟踪了解国家层面法规的出台情况,并做好相关工作。

上海市人民政府办公厅
2017年7月4日[①]

虽然最后出于一些原因,2017年拟推进的《上海市民荣誉制度条例》未能继续开展立法工作,但这并不能否认上海市人大常委会在上海市民荣誉制度建设中的地位和作用。因而,考虑到国家荣誉制度已经开展多年,上海市民荣誉制度已有了上级法律法规的支持和本市的经验,建议市人大常委会根据《中华人民共和国国家勋章和国家荣誉称号法》等有关法规立法本市的相关法律,再次适时重

---

① 《上海市人民政府办公厅关于办理〈上海市人民代表大会法制委员会关于市十四届人大五次会议主席团交付审议的代表议案审议结果的报告〉的函》,http://www.spcsc.sh.cn/n1939/n2440/n4369/u1ai152711.html,2017年11月4日。

新将《上海市民荣誉制度条例》纳入立法规划中,确保相关市民荣誉能够有法可依、有据可依,破除实践中存在着的职权主体多元化、多头化、不明确等问题。

第四节 确保荣誉制度的长期性、稳定性、一般性

强调精神引领、典型示范作用,推动全社会形成见贤思齐、崇尚英雄、争做先锋的良好氛围,是一种典型的道德锦标赛。以劳模评选为例,存在着组织评选机制、群众监督机制、意义赋值机制、政治确认机制、理论吸纳机制、社会教化机制等六项机制[1],以确保荣誉制度外延与内涵的统一。荣誉是对个人身份与国家品格的塑造,也正是追求荣誉的私欲提供了公共产品——公共利益[2],造就了荣誉制度的长期存在及其合理性。从这个角度出发,物质实践在一段时间内的长期性、稳定性、一般性,要求与其相对应的荣誉制度要保持一定程度的长期性、稳定性、一般性,但同时也不排斥与时代同步伐、与改革同频率、与实践同发展。因而,荣誉制度不是绝对不变的,只是相对稳定的,但这并不意味着荣誉制度可以是临时性的、局部性的。对于上海市民荣誉制度而言,每个奖项的评定需要有规章制度,不能简单以通知代替制度化的规范文件。仅以通知或者决定来颁授荣誉称号,并不能够使荣誉制度具有稳定性,也不能够约束某些公权力随意颁授荣誉称号的冲动,要建立起制度化的规范文件,对部门或行业的荣誉称号进行限制和约束。

要重视荣誉制度的完善和塑造,才能使其与国家(城市)发展动力相匹配,与国家(城市)发展的战略目标、经济基础、文化背景和社会环境等相一致,才能最大限度地发挥荣誉制度在国家(城市)发展动力链中的作用,推动国家和城市不断向前发展。在地方立法前期调研、对现有荣誉表彰制度和项目进行梳理整合、做好国家荣誉表彰制度的跟踪关注工作等工作的基础

---

[1] 刘佳:《论劳模精神的政治逻辑》,《南通大学学报(社会科学版)》2019年第4期。
[2] [美]阿尔伯特·赫希曼:《欲望与利益——资本主义胜利之前的政治争论》,冯克利译,浙江大学出版社2015年版,第8页。

上,对标党的十八大以来国家荣誉表彰制度的不断完善和实践发展,特别是"共和国勋章"、国家荣誉称号等的颁授,上海市人大有必要理论联系实际,重新审视上海市民荣誉制度,研究规划本市荣誉表彰工作体系,更好地服务于《上海市民荣誉制度条例》的制定。明确上海市民荣誉制度的荣誉称号、授予标准、评选程序、退出机制等,提升市民对荣誉的认同感,提高市民荣誉的权威性,实现市民荣誉制度的系统集成,这些都将是上海市民荣誉制度不断完善的工作重点。只有这样,上海才能形成宏观与微观相结合、一般性问题与特殊性问题相结合、传承性与前瞻性相结合的市民荣誉制度,才能对市民荣誉的评选、颁授和待遇等做出更为明确、系统、规范的规定。

一、制定年度评比表彰项目

根据《评比达标表彰活动管理办法》《社会组织评比达标表彰活动管理办法》《上海市评比达标表彰活动管理实施细则》等文件精神,近年来上海市人力资源和社会保障局网站都会公布年度上海市市级评比表彰项目(如上海市市级评比达标表彰项目[2022 年 7 月])、上海市市级工作部门评比达标表彰项目(如 2022 年度上海市市级工作部门评比达标表彰项目)、上海市区级评比达标表彰项目(如 2022 年度上海市区级评比达标表彰项目)等,为上海市本级、上海市市级工作部门、上海市区级等不同层次、不同性质单位开展的评比表彰进行规制,有效地约束了评比表彰的扩张冲动,凸显了市民荣誉制度的权威性。以上海市市级评比表彰项目为例,近年来虽有所增减,但基本稳定在 19 项,具体可以参见表 6.1。

表 6.1　上海市市级评比表彰项目

序号	项目名称	主办单位	承办单位
1	上海市人民满意的公务员和人民满意的公务员集体	市委、市政府	市委组织部、市委宣传部、市人力资源和社会保障局
2	上海市模范集体、劳动模范和先进工作者	市委、市政府	市总工会

第六章　未来探索：全面推进上海市民荣誉的制度化 / 147

续　表

序号	项目名称	主办单位	承办单位
3	上海市双拥模范单位和个人	市委、市政府、上海警备区	市退役军人局
4	上海市哲学社会科学优秀成果奖	市委	市委宣传部、市社联
5	上海市改革创新奖	市政府	市发展改革委
6	上海市教育功臣	市政府	市教委
7	上海市特级教师	市政府	市教委
8	上海市科学技术（自然科学）奖	市政府	市科委
9	上海金融创新奖	市政府	市地方金融监管局
10	上海市政府质量奖	市政府	市市场监管局
11	上海市白玉兰友谊奖	市政府	市政府外办
12	上海慈善奖	市政府	市民政局
13	上海市促进就业先进集体和先进个人	市政府	市人力资源社会保障局
14	上海高技能人才评比表彰	市政府	市人力资源社会保障局
15	上海知识产权创新奖	市政府、世界知识产权组织	市知识产权局
16	上海市决策咨询研究成果奖	市政府	市政府发展研究中心
17	上海市人大新闻奖	市人大	市人大常委会办公厅
18	上海市优秀提案奖	市政协	市政协办公厅
19	上海市政协信息工作先进单位、先进个人	市政协	市政协办公厅

表格来源：上海市人力资源和社会保障局网站

二、要求新增评比表彰项目进行申报

上海市评比达标表彰工作协调小组办公室会根据年度工作计划，开展以年度为单位的本市评比表彰项目申报。如，根据《上海市评比达标表彰工作协调小组办公室关于开展2024年度本市评比达标表彰项目申报的通知》（沪评组办〔2023〕39号）的文件要求，长宁区2024年拟申报"长宁区区域经济发展重点贡献企业和先进个人"表彰项目，并就此向上海市委、市政府请示。[①] 按照安排，长宁区委、区政府会填写《2024年度上海市评比表彰项目申报表》，就项目名称、主办单位、申请理由及依据、活动周期、评选范围、奖项设置、举办时间、奖励标准、经费来源等向上海市委、市政府行文，并提出工作方案，对评选标准、推荐程序、奖励办法等进行明确。

三、建立负面清单制度，确保荣誉制度的权威性

为维护党和国家功勋荣誉表彰制度的权威性和严肃性，根据《中华人民共和国国家勋章和国家荣誉称号法》《国家功勋荣誉表彰条例》《评比达标表彰活动管理办法》等法律法规，全国评比达标表彰工作协调小组于2021年制定了评选评奖工作的负面清单。对此，上海市转发相关文件，要求相关部门坚决予以贯彻落实。全国评比达标表彰工作协调小组制定的关于评选评奖活动的负面清单大致如下：

1. 未经批准，不得开展包含"国家"、"中国"、"中华"、"全国"、"亚洲"、"全球"、"世界"以及类似含义字样的评选评奖表彰活动，以及未冠以上述字样但实质是上述范围的评选评奖表彰活动。

2. 未经批准，不得围绕重要会议、重大活动、重要时间节点开展评选评奖表彰活动。

3. 未经批准，不得借举办峰会、论坛、盛典、节日等活动进行设奖颁奖表彰。

4. 不得借党政机关、军队、人民团体名义，开展评选评奖表彰活动。

5. 不得以排行榜、功勋谱、名人录等名义开展营利性、商业性评选评奖

[①] 《关于开展2024年长宁区评比达标表彰活动申报项目的请示》，https://zwgk.shcn.gov.cn/xxgk/xzfw-rsjzcwj/2023/347/71237/cef768e040024d6085659e3d149f775e.pdf，2024年11月20日。

表彰活动,或在活动中收取及变相收取费用。

6. 不得以注册商标为名违规开展评选评奖表彰活动。

7. 未经批准,不得联合国(境)外组织举办评选评奖表彰活动。

8. 未经批准,不得借评选评奖表彰之机向有关机构及个人颁授勋章、荣誉称号、奖章、纪念章等。

9. 不得非法设计制作销售颁发勋章、奖章和纪念章。

10. 不得开展其他违法违规的评选评奖表彰活动及设计制作颁授勋章、奖章和纪念章。

11. 不得对违规评选评奖表彰活动进行宣传报道。[①]

此外,针对社会组织评比表彰活动扩张的冲动,全国评比达标表彰工作协调小组于2022年4月印发《社会组织评比达标表彰活动管理办法》,上海市评比达标表彰工作协调小组转发了全国评比达标表彰工作协调小组《社会组织评比达标表彰活动管理办法》,并结合上海市实际,对项目限额管理、项目申报程序、评选表彰名额等进行了规定。[②]

---

① 《全国评比达标表彰工作协调小组制定关于评选评奖活动的负面清单》,https://www.gov.cn/xinwen/2021-06/02/content_5614962.htm,2024年11月20日。
② 《上海市评比达标表彰工作协调小组关于转发全国评比达标表彰工作协调小组〈社会组织评比达标表彰活动管理办法〉的通知》,https://rsj.sh.gov.cn/tpbdbbz_17747/20220919/t0035_1409899.html,2024年11月20日。

结论 塑造与国家(城市)发展动力相一致的市民荣誉制度

本书以改革开放以来的上海市民荣誉制度为研究对象,分析了国家(城市)发展动力理论视角下,市民荣誉在"生产驱动型""发展驱动型""创新驱动型"这三种城市发展阶段的演进形态与发展表征,力图全面系统地掌握改革开放以来上海市民荣誉制度的发展历程,并探索市民荣誉制度背后的政治象征意义、国家认同建构、精神文明建设、治理现代化和城市精神建设的内涵。全书从共时性与历时性比较的角度讨论了市民荣誉制度建设,分析有代表性的上海市民荣誉制度,了解市民荣誉称号在城市精神创建、个体生活发展、社会治理创新等方面的作用与影响,从上海市的城市精神、城市定位和创新治理出发,探索如何更好地建构市民荣誉制度,破解荣誉制度条块化、碎片化困境,实现市民荣誉制度的系统集成,以之为上海城市发展提供更强大的动力。

对于上海这样一个国际化都市而言,本市户籍居民、其他省区市来沪人员与外籍居民共同组成了上海市的常住人口。因而,市民荣誉制度中的"市民"可以被定义为生活在上海的所有居民。改革开放以来上海市民荣誉制度经历了初步探索阶段(1979—1988年)、全面展开阶段(1989—2000年)、逐步调适阶段(2001—2011年)、成熟定型阶段(2012年至今)四个阶段,呈现出国家荣誉及其制度在上海的实践(如"人民教育家"国家荣誉称号、全国劳动模范)、上海市民荣誉制度的上海实践(如上海工匠、上海市教育功臣、上海市优秀中青年法学家)、其他省区市表彰上海市民的荣誉(如宁波市荣誉市民),以及特殊的类别——白玉兰系列奖(如上海市荣誉市民)四个类别。由于每个类别的荣誉繁多、复杂,甚至有泛滥之嫌,本书从每个类别中选择了一个典型性荣誉作为代表,同时,为了尽可能多地展示荣誉的庞杂,确保了每个类别选择的荣誉不重复。

改革开放以来,在国家发展驱动性动力转型的背景下,上海城市发展动力链适时调适,与之相应,上海市民荣誉制度也随之发展,基本上解决了总体性不足的情况,并呈现出精细化发展的态势。市民荣誉制度的发展为上海的政治、经济、文化、金融、贸易、航运和科技等的创新发展提供了动力引领。荣誉是一种政治象征,是一种权力,也是一种权利,更是一种制度性的实践。因而,荣誉制度有其价值的内在规定性和实践的外在规定性,荣誉制度生成与建构的理论逻辑是价值与实践的结合,是政治逻辑、制度逻辑与技术逻辑的结合。从政治逻辑上来说,国家(城市)试图通过作为社会优秀分子的荣誉获得者来确认社会对国家(城市)倡导的价值观的认可和支持,通过社会民众对国家倡导价值观的争取和追逐,畅通国家(城市)与社会(民众)之间的联系渠道。从制度逻辑上来说,荣誉制度与政治发展相适应,是一种典型的法律制度,是中国特色社会主义事业的制度保证。从技术逻辑上来说,荣誉制度是国家治理的重要工具选择,源于荣誉制度作为"礼"的软实力性质,通过选树典型实现荣誉的价值性分配,是将制度优势转化为治理效能的关键一招。

不过,在发展的过程中,上海市民荣誉制度也存在着一定的问题和不足,主要表现在结构、组织、程序和导向上。结构上的问题体现在授予主体结构上的条块分割、荣誉本身结构上的条块分割和评比标准结构上的条块分割三个方面,其中最为主要的是授予主体过于多样化、未能明晰化和缺乏制度化。无论是荣誉本身结构上的条块分割,还是评比标准结构上的条块分割,抑或是组织上的缺乏统一管理、流程上的缺乏标准化和导向上的"赢者通吃""官僚化、功利化、人情化"等倾向,其根源都要追溯到授予主体结构上的条块分割。市民荣誉奖励主体的过于多样化、不明晰化和缺乏制度化的特点,带来了权威性丧失、管理难度增加、评选法治保障欠缺、资源整合缺乏权力限制等弊端,造成了管理上缺乏统一性。程序上主要包含了发布通知、组织评比和公示表彰三个环节，除了公示表彰较为公开，发布通知、组织评比的流程基本上都未能标准化，甚至出现了以通知代替制度的情况，组织评比因多样化的荣誉类型和表彰方式也未能实现标准化。此外，市民荣誉奖励的主体过于多样化、不明晰化和缺乏制度化的特点，还导致了荣誉制度导向上一定程度存在了"赢者通吃"的局面，导致了荣誉在一定程度上成了一种权力的奖励，申报荣誉时看出身、看职位、看帽子等现象屡见不鲜，出现了所谓"职务—权力—荣誉"的"旋转门"，以政治级别评定政治荣誉、以政治职位授予政治荣誉，导致了荣誉制度的"官僚化、功利化、人情化"。

比照国家（城市）发展动力演变的不同阶段中国家荣誉制度发展的要求，上海城市发展的需要和市民荣誉制度发展的空间，上海市民荣誉制度需要实现结构维度与过程维度的杂而有序到和谐有序发展，当上海市民荣誉制度趋向于成熟定型，探索如何从规范立法、强化管理、突出标准、扩大参与等角度更好地建构该制度，以适应国家（城市）发展动力的要求，发挥好存续性动力和驱动性动力之间的耦合作用，是上海市民荣誉制度继续发展完善的工作重点。按照前述对上海市民荣誉制度的分析，改革开放后的上海市民荣誉制度存在着两对矛盾，一是通过立法等逐步解决了荣誉制度总体性不足的情况，但仍然存在着与上海城市发展动力、上海城市定位、城市精神等不相符合的情况；二是上海市地方市民荣誉制度与国家层面的市民荣誉制度之间存在着一定的张力。上海市民荣誉制度对标上海城市定位，立足上海城市精神，以推进超大型城市管理治理现代化目标，因而，上海市民荣誉制度需要在解决总体性不足的前提下，进一步解决与上海城市发展动力、上海城市定位、城市精神等不相符合的情况，明确各类荣誉的固有定位与边界，探索荣誉制度分类分级体系，探索荣誉制度的退出机制，保证荣誉的权威性，并确保地方人大常委会的荣誉权行使，确保荣誉制度的长期性、稳定性、一般性。

具体而言，一是，明确各类荣誉的固有定位与边界，探索荣誉制度分类分级体系。荣誉是一种差异式的承认，明确各类荣誉的固有定位与边界，探索荣誉制度分类分级体系，在一定程度上可避免"赢者通吃"的局面。例如，在市民荣誉条例中,明确市民最高荣誉是白玉兰勋章,由市人大通过、市委市政府颁授,奖励对上海发展做出突出贡献的中外人士;明确每个类别的最高荣誉是上海××功臣,将授予权统一到上海市委市政府,不再由市科委、市教委等单位颁授,提升荣誉称号的权威性。同时,每个部门或行业的荣誉数量要有一定的度,要确立国家荣誉制度延伸发展的标准与原则。二是,探索荣誉制度的退出机制,保证荣誉的权威性。《中华人民共和国国家勋章和国家荣誉称号法》《党和国家功勋荣誉表彰奖励获得者所获荣誉撤销办法(试行)》等法律法规,明确了荣誉被撤销、继承等情形。2007年2月,《上海市人民政府办公厅转发市监察委等十部门关于本市清理评比达标表彰活动实施意见的通知》明确了相关荣誉评比表彰的清理退出工作,此后却没能继续。《上海市民荣誉制度条例》有必要对标相关法律法规,完善退出机制、问责机制,杜绝荣誉终身制和护身符的错误想象,形成制度化机制。三是,建议根据《中华人民共和国国家勋章和国家荣誉称号法》确立本市的相关法律法规,适时重启制定《上海市民荣誉制度条例》,确保相关荣誉能够有法可依、有据可依,破除实践中存在着的职权主体多元化、多头化、不明确等问题。四是,要确保荣誉制度的长期性、稳定性、一般性,而不应该是临时性的、局部性的。每个奖项的评定要有规章制度,不能简单地以通知代替制度化规范的文件,仅仅以通知或者决定来颁授荣誉称号。要形成宏观与微观相结合、一般性问题与特殊性问题相结合、传承性与前瞻性相结合的市民荣誉制度,对市民荣誉的评选、颁授和待遇等做出更为明确、系统、规范的规定,为做好市民荣誉表彰工作提供依据和遵循。

在中国建设创新型国家的时代背景下,将市民荣誉制度纳入国家发展动力链的范畴进行探讨,对上海市民荣誉制度的研究具有重要的学术价值、应用价值,以及社会影响和效益。首先,将荣誉制度与象征政治、认同政治、城市政治等概念相联系,扩展了荣誉制度的研究范围,丰富了荣誉制度的内涵。其次,贯彻落实党和国家有关文件精神和《中华人民共和国国家勋章和国家荣誉称号法》的要求,追求更好的市政治理、更完善的国家治理体系、更现代化的国家治理能力,形成一批宏观与微观相结合、一般性问题与特殊性问题相结合、传承性与前瞻性相结合的、可复制可推广的创新成果,能够更好地促进荣誉制度的统一化、制度化、法律化、规范化。最后,提出市民荣誉制度改革发展的对策建议,对市民荣誉的评选、颁授和待遇等做出更为明确、系统、规范的规定,实现市民荣誉制度的系统集成,不仅能够为做好市民荣誉表彰工作提供依据和遵循,更能够培育和弘扬社会主义核心价值观,打造与国家(城市)发展动力相匹配的市民荣誉制度,为国家发展动力引领城市的建构提供价值引领和动力支持。

《上海市城市总体规划(2017—2035)》提出了以下三个目标:一是适应国际趋势。全球化与区域化持续且长期影响世界格局,协同发展的网络化共享城市时代已经到来;加强"互联网+"推进新技术革命迭代发生,全球迎来创新驱动的知识经济时代;新的发展语境逐渐形成,世界进入了资源环境友好、人文关怀至上的生态文明时代。二是落实国家战略。以习近平新时代中国特色社会主义思想为指导,全面贯彻落实党的二十大精神,努力当好新时代改革开放排头兵,创新发展先行者,把创新摆在城市发展全局的核心位置,建设创新驱动型城市,将文化视作城市发展的战略性和核心性资源,肩负国家使命与时代担当,引领区域深度参与国际竞争。三是立足市民期待。上海城市发展目标公众调查收集了 16 000 多份有效问卷。结果显示,市民对于上海建设成为"环境友好、经济发达、文化多元、安全宜居的城市"寄予了最大的希望,认为"环境污染、住房和居住环境、社区养老、就医"等问题还需要改善。结合上海市民荣誉制度的发展变迁,要塑造与国家(城市)发展动力相一致的市民荣誉制度,充分发挥城市发展的持续性动力和驱动性动力的耦合作用,统筹协调作为核心驱动力的创新力与持续力、活跃力、生产力、发展力之间的关系,形成匹配新时代发展要求的城市发展动力链,以城市发展动力链的高效运转促进城市创新发展、提高城市治理水平、增强城市综合实力,将是上海高质量发展、打造国家发展动力引领城市的必由之路。

附录　与上海市民荣誉制度相关的
重要法律法规文件

　　说明：由于本书最终要呈现的是与上海市民高度相关的荣誉制度体系，也就是说，以上海本地的荣誉制度为主，因而，本书在附录中仅以列举式的方法重点摘录相关法律法规文件，大致包括五个类别，每个类别1—2项。这五个类别分别是：一、以全国人大及其常委会名义制定的法律，如《中华人民共和国国家勋章和国家荣誉称号法》；二、以党中央、国务院以及党和国家功勋荣誉表彰工作委员会名义下发的党内法规、规章制度、办法条例，如《国家功勋荣誉表彰条例》；三、中组部、教育部、卫健委等部门性规章制度等，如《全国三八红旗手标兵、全国三八红旗手（集体）评选表彰工作办法》；四、以上海市委、市人大、市政府、市政协名义下发的规章制度和办法条例，如《上海市科学技术奖励规定》；五、以上海市市级组成部门（包括区委、区政府等）名义下发的有重要影响的荣誉表彰办法条例，如《上海市五一劳动奖状（奖章）、工人先锋号评选管理办法》《长宁区"虹桥友谊奖"评选表彰实施办法》。另外，需要说明的是，虽然本书讨论的是改革开放以来上海市民荣誉制度的发展变迁，但本附录摘录的均为到2024年6月为止未被废止或未失效的法律法规、党内法规、规章制度、办法条例等，有修订的摘录的是最新版本。

中华人民共和国国家勋章和国家荣誉称号法

(第十二届全国人民代表大会常务委员会第十八次会议于2015年12月27日通过)

第一条 为了褒奖在中国特色社会主义建设中作出突出贡献的杰出人士,弘扬民族精神和时代精神,激发全国各族人民建设富强、民主、文明、和谐的社会主义现代化国家的积极性,实现中华民族伟大复兴,根据宪法,制定本法。

第二条 国家勋章和国家荣誉称号为国家最高荣誉。

国家勋章和国家荣誉称号的设立和授予,适用本法。

第三条 国家设立"共和国勋章",授予在中国特色社会主义建设和保卫国家中作出巨大贡献、建立卓越功勋的杰出人士。

国家设立"友谊勋章",授予在我国社会主义现代化建设和促进中外交流合作、维护世界和平中作出杰出贡献的外国人。

第四条 国家设立国家荣誉称号,授予在经济、社会、国防、外交、教育、科技、文化、卫生、体育等各领域各行业作出重大贡献、享有崇高声誉的杰出人士。

国家荣誉称号的名称冠以"人民",也可以使用其他名称。国家荣誉称号的具体名称由全国人民代表大会常务委员会在决定授予时确定。

第五条 全国人民代表大会常务委员会委员长会议根据各方面的建议,向全国人民代表大会常务委员会提出授予国家勋章、国家荣誉称号的议案。

国务院、中央军事委员会可以向全国人民代表大会常务委员会提出授予国家勋章、国家荣誉称号的议案。

第六条 全国人民代表大会常务委员会决定授予国家勋章和国家荣誉称号。

第七条　中华人民共和国主席根据全国人民代表大会常务委员会的决定,向国家勋章和国家荣誉称号获得者授予国家勋章、国家荣誉称号奖章,签发证书。

第八条　中华人民共和国主席进行国事活动,可以直接授予外国政要、国际友人等人士"友谊勋章"。

第九条　国家在国庆日或者其他重大节日、纪念日,举行颁授国家勋章、国家荣誉称号的仪式;必要时,也可以在其他时间举行颁授国家勋章、国家荣誉称号的仪式。

第十条　国家设立国家功勋簿,记载国家勋章和国家荣誉称号获得者及其功绩。

第十一条　国家勋章和国家荣誉称号获得者应当受到国家和社会的尊重,享有受邀参加国家庆典和其他重大活动等崇高礼遇和国家规定的待遇。

第十二条　国家和社会通过多种形式,宣传国家勋章和国家荣誉称号获得者的卓越功绩和杰出事迹。

第十三条　国家勋章和国家荣誉称号为其获得者终身享有,但依照本法规定被撤销的除外。

第十四条　国家勋章和国家荣誉称号获得者应当按照规定佩带国家勋章、国家荣誉称号奖章,妥善保管勋章、奖章及证书。

第十五条　国家勋章和国家荣誉称号获得者去世的,其获得的勋章、奖章及证书由其继承人或者指定的人保存;没有继承人或者被指定人的,可以由国家收存。

国家勋章、国家荣誉称号奖章及证书不得出售、出租或者用于从事其他营利性活动。

第十六条　生前作出突出贡献符合本法规定授予国家勋章、国家荣誉称号条件的人士,本法施行后去世的,可以向其追授国家勋章、国家荣誉称号。

第十七条　国家勋章和国家荣誉称号获得者,应当珍视并保持国家给予的荣誉,模范地遵守宪法和法律,努力为人民服务,自觉维护国家勋章和国家荣誉称号的声誉。

第十八条　国家勋章和国家荣誉称号获得者因犯罪被依法判处刑罚或者有其他严重违法、违纪等行为,继续享有国家勋章、国家荣誉称号将会严重损害国家最高荣誉的声誉的,由全国人民代表大会常务委员会决定撤销其国家勋章、国家荣誉称号并予以公告。

第十九条　国家勋章和国家荣誉称号的有关具体事项,由国家功勋荣誉表彰有关工作机构办理。

第二十条　国务院、中央军事委员会可以在各自的职权范围内开展功勋荣誉表彰奖励工作。

第二十一条　本法自2016年1月1日起施行。

国家功勋荣誉表彰条例

(2017年8月8日)

第一章 总 则

第一条 为了健全党和国家功勋荣誉表彰制度,褒奖在中国特色社会主义伟大事业中作出突出贡献的个人和集体,培育和弘扬社会主义核心价值观,增强中国特色社会主义伟大事业凝聚力和感召力,根据《中共中央关于建立健全党和国家功勋荣誉表彰制度的意见》、《中华人民共和国国家勋章和国家荣誉称号法》等,制定本条例。

第二条 国家勋章和国家荣誉称号的授予,党中央、国务院、中央军委授予荣誉称号和开展表彰奖励,中央和国家机关、县级及以上地方党委和政府、省级工作部门等面向社会或者本地区、本系统开展表彰奖励,适用本条例。

《中国共产党党内功勋荣誉表彰条例》、《军队功勋荣誉表彰条例》等另有规定的,从其规定。

第三条 功勋荣誉表彰奖励工作应当遵循以下原则:

(一)体现先进性、代表性和时代性;

(二)以德为先、注重实绩、群众公认;

(三)公开、公平、公正;

(四)依法依规、坚持标准、从严掌握;

(五)精神激励和物质奖励相结合,以精神激励为主。

第四条 党和国家功勋荣誉表彰工作委员会统筹协调党和国家功勋荣誉表彰工作。

国家表彰奖励主管部门负责国务院荣誉称号和表彰奖励的组织实施,负责党中央、国务院、中央军委联合开展表彰奖励的评选等工作,负责表彰奖励工作的综合管理、政策制定、监督检查等。

第二章　国家勋章和国家荣誉称号

第五条　国家勋章和国家荣誉称号为国家最高荣誉。

第六条　国家勋章包括"共和国勋章"和"友谊勋章"。

"共和国勋章"授予在中国特色社会主义建设和保卫国家中作出巨大贡献、建立卓越功勋,道德品质高尚,群众公认的杰出人士。

"友谊勋章"授予在中国社会主义现代化建设和促进中外交流合作、维护世界和平中作出杰出贡献的外国人。

第七条　国家荣誉称号授予在经济、社会、国防、外交、教育、科技、文化、卫生、体育等各领域各行业作出重大贡献、享有崇高声誉,道德品质高尚,群众公认的杰出人士。

第八条　国家荣誉称号的名称一般冠以"人民",如"人民英雄"、"人民卫士"、"人民科学家"、"人民艺术家"、"人民教育家"等,也可以使用其他名称。具体名称由全国人民代表大会常务委员会在决定授予时确定。

第九条　"共和国勋章"通过评授和普授两种方式产生,特殊情况下可以由党中央直接提出并按程序随时授予。评授指评选授予,按设定条件好中选优,评选确立,一般每5年授予1次,在中华人民共和国成立"逢五、逢十"周年时进行,有需要时可以及时授予。普授指普遍授予,根据特定历史时期的任务、特点确定基本条件,凡符合基本条件的参与者、参加者均可授予。

国家荣誉称号一般通过评授产生,特殊情况下可以由党中央直接提出并按程序随时授予。一般每5年授予1次,在中华人民共和国成立"逢五、逢十"周年时进行,有需要时可以及时授予。

第十条　党和国家功勋荣誉表彰工作委员会在广泛听取意见的基础上提出国家勋章和国家荣誉称号获得者建议人选,报请党中央同意后,由全国人民代表大会常务委员会按程序作出决定。

第十一条　中华人民共和国主席进行国事活动,可以直接授予外国政要、国际友人等人士"友谊勋章"。

第十二条　中华人民共和国主席向国家勋章和国家荣誉称号获得者授予"共和国勋章"、"友谊勋章"、国家荣誉称号奖章,并签发证书。

第十三条　国家在国庆日或者其他重大节日、纪念日,举行颁授国家勋章、国家荣誉称号的仪式;必要时,也可以在其他时间举行颁授国家勋章、国家荣誉称号的仪式。

第三章　党中央、国务院、中央军委勋章和荣誉称号

第十四条　党中央设立"七一勋章"和荣誉称号,中央军委设立"八一勋章"和荣誉称号,分别按照《中国共产党党内功勋荣誉表彰条例》、《军队功勋荣誉表彰条例》有关规定执行。

第十五条　国务院设立荣誉称号,授予在建设和捍卫中国特色社会主义伟大事业中作出突出贡献、具有崇高精神风范,以及在抢险救灾、处置突发事件或者完成重大专项任务等工作中表现特别突出、事迹特别感人,群众公认的个人和集体。

第十六条　国务院荣誉称号采取不定期授予的方式,具体名称根据被授予对象的事迹特点确定。

第十七条　国务院荣誉称号采取提名方式产生。各省、自治区、直辖市,中央和国家机关,可以在各自职责范围内,向国家表彰奖励主管部门提出国务院荣誉称号初步建议人选。

国家表彰奖励主管部门可以直接提出国务院荣誉称号初步建议人选。

第十八条　国家表彰奖励主管部门根据有关方面的初步建议,经过资格审查、评选、考察等环节,提出国务院荣誉称号获得者建议人选,报国务院批准,由国务院总理签发荣誉称号证书。

国务院可以直接决定授予荣誉称号。

第十九条　授予国务院荣誉称号,应当举行专门的颁授仪式,向荣誉称号获得者颁发奖章、证书。

第二十条　党中央、国务院、中央军委可以联合授予荣誉称号。

第四章　国家级表彰奖励

第二十一条　国家级表彰奖励是指以党中央、国务院、中央军委名义单独或者联合开展的表彰奖励。

第二十二条　对坚决贯彻执行党的理论和路线方针政策，模范遵守宪法法律，在中国特色社会主义伟大事业中作出突出贡献，道德品质高尚，群众公认的个人和集体，可以给予国家级表彰奖励。

第二十三条　国家级表彰奖励名称一般冠以"全国"、"国家"等，具体名称可以根据被表彰对象身份和事迹特点确定。

第二十四条　国家级表彰奖励分为定期表彰奖励和及时性表彰奖励。定期表彰奖励项目一般每5年开展1次。对在抢险救灾、处置突发事件或者完成重大专项任务中作出突出贡献的个人或者集体可以给予及时性表彰奖励。

第二十五条　国家级表彰奖励一般按以下程序进行：

（一）制定方案。承办单位提出工作方案，按程序报批。

（二）推荐。有关单位对符合条件的个人和集体，在广泛征求意见的基础上提出推荐意见，并在本单位公示。公示无异议后，逐级上报。

（三）初审。国家表彰奖励主管部门、有关方面初审同意后，省部级推荐单位负责对推荐对象征求公安等部门意见。其中，对机关事业单位及其工作人员按管理权限还应当征求组织人事、纪检监察等部门意见，对企业及其负责人还应当征求环境保护、工商、税务、安全生产监管等部门意见，并组织公示。

（四）复审。国家表彰奖励主管部门、有关方面组织复审，根据需要征求相关方面意见后，组织公示，按程序报批。

（五）决定。党中央、国务院、中央军委决定表彰人选，发布表彰决定，并颁发奖章、奖牌、证书等。

（六）备案。国家表彰奖励主管部门将表彰名单报党和国家功勋荣誉表彰工作委员会备案。

第二十六条 国务院对在中国社会主义现代化建设和促进口外交流合作中贡献特别突出的外国人,可以给予表彰奖励,具体办法另行规定。

第五章 部门和地方表彰奖励

第二十七条 中央和国家机关,各省、自治区、直辖市县级以上党委和政府、省级工作部门对坚决拥护中国共产党的领导,模范遵守宪法法律,道德品质高尚,事迹突出,群众认可的个人和集体,可以给予表彰奖励。

第二十八条 中央和国家机关,各省、自治区、直辖市党委和政府等省部级表彰奖励项目的设立、调整和撤销等,应当按照有关规定,报党中央、国务院批准。

第二十九条 市、县级党委和政府,省级工作部门等市县级表彰奖励项目的设立、调整和撤销等,应当经本地区省级党委和政府批准。

市级党委和政府表彰奖励项目每年不超过2个,县级党委和政府表彰奖励项目每年不超过1个,省级工作部门表彰奖励项目每年累计不超过20个。

第三十条 部门和地方的表彰奖励定期开展,一般每5年开展1次。特殊情况可以开展及时性表彰奖励。

表彰奖励名称一般冠以本地区、本系统称谓,并与国家国家荣誉称号,以及国务院荣誉称号相区别。

部门和地方表彰奖励评选程序,参照国家级表彰奖励程序执行。

第三十一条 中央和国家机关联合国家表彰奖励主管部门开展的表彰奖励,应当事先将工作方案报国家表彰奖励主管部门审核后联合组织实施。

第六章 纪念章

第三十二条 党中央、国务院、中央军委可以按有关规定单独或者联合向参与特定时期、特定领域重大工作的个人颁发荣誉性纪念章。

第三十三条　荣誉性纪念章名称应当冠以体现特定时期、特定领域重大工作特点的限定词，一般不分级分类。

荣誉性纪念章一般应当向参与过该项工作的全体人员颁发。

第三十四条　纪念章作为荣誉性纪念，重在精神鼓励，不享有有关待遇。

第三十五条　经党中央、国务院批准，省级党委和政府、中央和国家机关可以颁发荣誉性纪念章。

第七章　待遇和管理

第三十六条　设立党、国家、军队功勋簿。"共和国勋章"、"七一勋章"、"八一勋章"、"友谊勋章"和国家荣誉称号获得者，党、国家、军队根据需要设立的其他勋章获得者，党中央、国务院、中央军委单独或者联合授予荣誉称号的个人和集体及其功绩应当记载于功勋簿。

第三十七条　功勋荣誉表彰奖励获得者按照规定享有相应待遇。

第三十八条　各级党委和政府及表彰奖励主管部门等应当给予功勋荣誉表彰奖励获得者关心和帮助，开展走访慰问、培训交流、休假疗养等活动，可以邀请其参加重要庆典和重大活动。

建立困难帮扶机制，设立专项基金，对生活确有困难的功勋荣誉表彰奖励获得者，及时予以救助。

第三十九条　功勋荣誉表彰奖励获得者应当珍视并保持荣誉，模范遵守法律法规，全心全意为人民服务，自觉维护声誉。

任何人不得出售、出租证书及勋章、奖章、奖牌、纪念章或者将其用于从事其他营利性活动。

第四十条　功勋荣誉表彰奖励获得者有严重违纪违法行为、影响恶劣的，或者隐瞒情况、弄虚作假骗取功勋荣誉表彰的，应当按规定程序撤销其所获功勋荣誉表彰奖励。

第四十一条　对被撤销功勋荣誉表彰奖励的个人，应当收回其证书及勋章、奖章等，撤销因获得荣誉而享有的相应待遇，并追缴其所获奖金等物质奖励;对被撤销荣誉称号表彰奖励的集体,应当收回其证书和奖牌。

第四十二条　对擅自举办功勋荣誉表彰奖励活动、借功勋荣誉表彰奖励活动收取费用或者营利的,以及在功勋荣誉表彰奖励工作中徇私舞弊、弄虚作假或者有其他违纪违法行为的,按照有关规定严肃查处。

第八章　附　　则

第四十三条　科学技术奖励活动,按照国家科学技术奖励有关规定办理。

第四十四条　生前作出突出贡献符合本条例规定授予功勋荣誉、给予表彰奖励条件的个人,在《中华人民共和国国家勋章和国家荣誉称号法》施行后去世的,可以予以追授。

第四十五条　中央和国家机关,各省、自治区、直辖市可以根据本条例制定具体实施办法。

第四十六条　本条例由国家表彰奖励主管部门负责解释。

第四十七条　本条例自2017年8月8日起施行。

《全国三八红旗手标兵、全国三八红旗手（集体）评选表彰工作办法》

(2019年11月5日十二届全国妇联书记处第27次办公会议审议通过，根据2021年4月9日十二届全国妇联书记处第75次办公会议《〈全国三八红旗手标兵、全国三八红旗手（集体）评选表彰工作办法〉补充规定》修正)

第一章　总　则

第一条　为规范全国三八红旗手标兵、全国三八红旗手（集体）评选表彰工作，特制定本办法。

第二条　全国三八红旗手标兵、全国三八红旗手（集体）是全国妇联授予我国优秀女性（优秀女性群体）的最高荣誉。

第三条　以习近平新时代中国特色社会主义思想为指导，突出政治性、先进性、群众性的要求，开展全国三八红旗手标兵、全国三八红旗手（集体）评选表彰工作。

第四条　开展全国三八红旗手标兵、全国三八红旗手（集体）评选表彰工作，旨在全社会树立具有"自尊、自信、自立、自强"精神和政治坚定、品德高尚、爱岗敬业、开拓创新、勇创一流的优秀女性和女性群体典型，用榜样的力量激励引领广大妇女听党话跟党走，为实现中华民族伟大复兴的中国梦而努力奋斗。

第二章　评选条件和程序

第五条　全国三八红旗手标兵基本条件：

（一）年满18周岁的中华人民共和国女性公民。

（二）坚持用习近平新时代中国特色社会主义思想武装头脑，牢固树立

"四个意识",坚定"四个自信",自觉做到"两个维护"。胸怀祖国、志存高远,坚定中国特色社会主义理想信念,坚决拥护党的路线方针政策,模范遵守国家法律法规。

(三)自觉践行社会主义核心价值观,具有"自尊、自信、自立、自强"精神,传承文明、弘扬新风,品德高尚、无私奉献。

(四)勇挑重担、奋发有为、开拓创新,在推进社会主义经济建设、政治建设、文化建设、社会建设、生态文明建设各个领域作出突出贡献,具有感人至深的模范事迹,在广大妇女中具有广泛影响力和较强引领示范作用。

(五)一般应获得过全国三八红旗手称号。

(六)全国三八红旗手标兵不重复授予。

第六条 全国三八红旗手基本条件:

(一)年满18周岁的中华人民共和国女性公民。

(二)坚持用习近平新时代中国特色社会主义思想武装头脑,牢固树立"四个意识",坚定"四个自信",自觉做到"两个维护"。热爱党、热爱祖国、热爱社会主义,坚决拥护党的路线方针政策,模范遵守国家法律法规。

(三)自觉践行社会主义核心价值观,具有"自尊、自信、自立、自强"精神,品德高尚、甘于奉献。

(四)爱岗敬业、勇挑重担、奋发有为、锐意创新,在本职工作中创造出一流业绩、作出突出贡献。

(五)一般应获得过省级三八红旗手,或全国城乡妇女岗位建功先进个人,或其他省部级荣誉,优先考虑《全国评比达标表彰保留项目目录》所列其他省部级单位授予的称号和专业奖项,中央组织部、中央宣传部、中央文明办等推树的重大典型,以及在国家重大项目、突发事件、应急事件等急难险重任务中涌现出来的重大典型等。

(六)全国三八红旗手原则上不重复授予。

第七条 全国三八红旗集体基本条件:

(一)女性比例为60%以上的单位或组织。

(二)集体成员坚持用习近平新时代中国特色社会主义思想武装头脑,

牢固树立"四个意识",坚定"四个自信",自觉做到"两个维护"。具有爱国主义、集体主义、社会主义精神和高尚的职业道德、良好的精神风貌。

（三）集体成员能自觉践行社会主义核心价值观,品德高尚、甘于奉献。

（四）为中国特色社会主义建设事业作出突出贡献,在界别和行业工作中影响力广泛,具有较强的示范带动作用。

（五）一般应获得过省级三八红旗集体,或全国城乡妇女岗位建功先进集体,或其他省部级荣誉优先考虑《全国评比达标表彰保留项目目录》所列其他省部级单位授予的称号和专业奖项,中央组织部、中央宣传部、中央文明办等推树的重大典型,以及在国家重大项目、突发事件、应急事件等急难险重任务中涌现出来的重大典型等。

（六）全国三八红旗集体一般不重复授予。

第八条　全国三八红旗手标兵评选程序：

（一）全国三八红旗手标兵评选活动每年集中进行一次,与全国三八红旗手(集体)评选活动同步进行。全国妇联组建年度全国三八红旗手标兵、全国三八红旗手(集体)评选委员会,办公室设在全国妇联宣传部。

（二）由全国31个省、自治区、直辖市妇联,新疆生产建设兵团妇联,中央和国家机关妇工委,中央军委政治工作部组织局作为推荐单位。全国三八红旗手标兵候选人由各推荐单位按照评选条件负责推荐,每单位推荐1人。

（三）申报全国三八红旗手标兵候选人的企业负责人,须经当地县(市)以上市场监督管理、税务、人力资源和社会保障、应急管理、自然资源、生态环境等部门审查同意。国有和国有控股企业及其负责人要经过审计、纪检监察等部门审查同意。党政机关、人民团体和事业单位的领导干部,要按照干部管理权限,征得有关组织人事和纪检监察部门审查同意。

（四）全国三八红旗手标兵候选人须经所在单位民主推荐并在一定范围公示,公示无异议后报推荐单位。各推荐单位进行资格审查,确定候选人名单,并进行公示,公示无异议后报评选办公室。

（五）评选办公室召开评委会,在认真审议、充分酝酿基础上进行无记名投票，按得票多少确定标兵人选建议名单，报全国妇联书记处会议审定后，通过中国妇女网进行公示。

（六）全国公示无异议后，按程序报批确定表彰人选。

第九条　全国三八红旗手（集体）评选程序：

（一）全国三八红旗手（集体）评选活动每年集中进行一次。

（二）全国三八红旗手（集体）名额分配原则上以各推荐单位的女性人数为基准，综合考虑经济社会发展水平确定。

（三）评选全国三八红旗手（集体）要坚持公开、公平、公正的原则，严格推荐评选审批程序。各推荐单位要征求属地公安、人力资源和社会保障、工作单位等部门意见。申报全国三八红旗手（集体）称号的企业负责人（企业），须经当地县（市）以上市场监督管理、税务、人力资源和社会保障、应急管理、自然资源、生态环境等部门审查同意。国有和国有控股企业及其负责人还需经过审计、纪检监察等部门审查同意。党政机关、人民团体和事业单位领导干部（单位），要按照干部管理权限，征得有关组织人事和纪检监察部门审查同意。

（四）全国三八红旗手（集体）产生分为两个渠道：一是组织推荐渠道。由各推荐单位按照评选条件和分配名额进行等额推荐。被推荐人（集体）须经所在单位民主推荐并在一定范围公示，公示无异议后报推荐单位。各推荐单位进行资格审查，并进行公示，公示无异议后报评选办公室。评选办公室对候选人进行资格审核并确定建议名单，报全国妇联书记处会议审定后，通过中国妇女网进行公示，公示无异议后，按程序报批确定表彰人选。二是社会化推荐渠道。在年度表彰总名额中拿出一定名额，面向社会通过本人自荐、他人举荐或单位推荐形式进行公开征集推荐。评选办公室对社会化推荐人选进行整理汇总后，组织初评评审会，推出初评候选人。初评候选人由申请人的主管单位、属地管辖妇联组织按照全国三八红旗手评选条件严格进行资格审查，并进行公示，公示无异议后报评选办公室。评选办公室对候选人进行资格审核，组织召开终评评委会议，以无记名投票的方式，按得票多少确定全国三八红旗手建议人选，报全国妇联书记处会议审定后，通过中国妇女网进行公示，公示无异议后，按程序报批确定表彰人选。

第十条　全国三八红旗手（集体）评选活动要注重向基层一线女性（集体）倾斜，努力覆盖各行各业优秀女性。其中基层一线女性（集体）应占一定的比例。

（一）每次评选中，妇联系统干部及单位的参评比例不得超过10%；

（二）党政机关、人民团体和事业单位中的司局级及以上女性领导干部以及由中央组织部管理的企事业单位负责人，原则上不参评全国三八红旗手和全国三八红旗手标兵；

（三）党政机关、人民团体和事业单位中的司局级及以上单位，以及由中央组织部管理的企事业单位，原则上不参评全国三八红旗集体。

第三章　表彰方式

第十一条　全国妇联对全国三八红旗手标兵授予荣誉证书、奖章、奖杯，对全国三八红旗手颁发荣誉证书、奖章，对全国三八红旗集体颁发荣誉证书、奖牌。

第十二条　全国妇联于每年"三八"国际妇女节期间在京举行相关表彰宣传活动。在中国妇女报、中国妇女网上发布全国三八红旗手标兵、全国三八红旗手（集体）全名单。开展送奖到基层活动，将奖章、奖杯、奖牌、证书、全名单光荣册等发送给全国三八红旗手标兵、全国三八红旗手（集体）。

第十三条　在每年一次的集中表彰之外，对在关系党和国家发展的重大项目、具有重大社会影响的突发事件、抗击重大自然灾害，以及其他方面作出重大贡献的女性，特别是党中央、国务院，中央组织部、中央宣传部、中央文明办等推出的重大典型，由推荐单位申报或由评选办公室提出及时授予（或追授）全国三八红旗手标兵的请示，主要考查其所作的贡献，由候选人归口推荐单位配合填报登记表并进行资格审查，报全国妇联书记处会议审定。

第十四条　在每年一次的集中表彰之外，对在关系党和国家发展的重大项目、具有重大社会影响的突发事件、抗击重大自然灾害,以及其他方面作出重大贡献的女性,特别是党中央、国务院,中央组织部、中央宣传部、中央文明办等推出的重大典型,由推荐单位申报或由评选办公室提出及时授予(或追授)全国三八红旗手的请示,主要考查其所作的贡献,由候选人归口推荐单位配合填报登记表并进行资格审查,报全国妇联书记处会议审定。

第十五条 在每年一次的集中表彰之外,对在关系党和国家发展的重大项目、具有重大社会影响的突发事件、抗击重大自然灾害,以及其他方面作出重大贡献的女性集体,特别是党中央、国务院,中央组织部、中央宣传部、中央文明办等推出的重大典型,由推荐单位申报或由评选办公室提出及时授予(或追授)全国三八红旗集体的请示,主要考查其所作的贡献,由候选集体归口推荐单位配合填报登记表并进行资格审查,报全国妇联书记处会议审定。

第四章 奖励和待遇

第十六条 全国妇联向新表彰的全国三八红旗手标兵发放一次性奖金。全国妇联适时组织全国三八红旗手标兵及全国三八红旗手(集体)代表参与重要庆典、纪念活动,进行学习培训、考察交流等活动。

第十七条 各地各单位可根据实际情况对获得称号的个人和集体提供相应支持,加强对生活困难者的帮扶。有条件的地方可安排出席当地重要庆典和纪念活动,开展休假、疗养、体检、学习培训、参观交流等活动。

第十八条 加强对全国三八红旗手标兵和全国三八红旗手(集体)的关心关爱,可在重要节日、纪念日等开展走访慰问。

第五章 称号的撤销

第十九条 凡有下列情况之一者,由所在单位写出书面报告,经相关推荐单位提出撤销建议,报全国妇联核准,撤销全国三八红旗手标兵或全国三八红旗手称号,收回证书和奖杯、奖章。撤销后,由推荐单位在一定范围内进行公告。

(一) 经核查,主要先进事迹失实的;

(二) 因触犯法律受到刑事处罚的;

(三) 因犯严重错误受到党政纪重处分的;

(四) 非法离境的;

(五) 其他不宜保留称号的。

第二十条 凡有下列情况之一者,由所在单位写出书面报告,经相关推荐单位提出撤销建议,报全国妇联核准,撤销全国三八红旗集体称号,收回证书和奖牌。撤销后,由推荐单位在一定范围内进行公告。

(一) 经核查,主要先进事迹失实的;

(二) 发生重大安全生产事故或严重职业危害的;

(三) 发生群体性事件,造成恶劣影响的;

(四) 其他不宜保留称号的。

第二十一条 本办法由全国妇联负责解释。解放军和武警部队评选工作由中央军委政治工作部组织局负责,参照本办法执行。

第二十二条 本办法自发布之日起实施。

上海市科学技术奖励规定

(2019年8月2日上海市人民政府令第18号公布)

第一条(目的和依据)

为了奖励在本市科学技术进步活动中做出贡献的个人、组织,调动科学技术工作者的积极性和创造性,促进本市科学技术事业的发展,加快建设具有全球影响力的科技创新中心,根据《国家科学技术奖励条例》《上海市科学技术进步条例》,制定本规定。

第二条(奖项设立)

市人民政府统一设立"上海市科学技术奖"。

第三条(奖励原则)

科学技术奖励贯彻尊重劳动、尊重知识、尊重人才、尊重创造的方针,评奖工作坚持公开、公平、公正的原则。

第四条(奖励委员会设置与职能)

市人民政府设立上海市科学技术奖励委员会(以下简称奖励委员会),负责上海市科学技术奖相关工作的指导和管理,审定获奖个人和组织(以下统称获奖对象)。

奖励委员会组成人选由市科学技术行政部门提出,报市人民政府批准。

奖励委员会聘请有关方面的专家组成评审委员会和监督委员会,分别负责上海市科学技术奖的评审和监督工作。

第五条(行政部门与奖励办公室)

市科学技术行政部门负责上海市科学技术奖提名、评审、监督等相关规则的制定和评审活动的组织、服务工作。

市科学技术奖励管理办公室(以下简称奖励办公室)为奖励委员会的办事机构,设在市科学技术行政部门,负责上海市科学技术奖相关工作的日常管理。

第六条(奖励类别和等级)

上海市科学技术奖包括七个类别：

（一）科技功臣奖；

（二）青年科技杰出贡献奖；

（三）自然科学奖；

（四）技术发明奖；

（五）科技进步奖；

（六）科学技术普及奖；

（七）国际科技合作奖。

上海市科学技术奖每年评审一次。

科技功臣奖、青年科技杰出贡献奖、国际科技合作奖不分等级。自然科学奖、技术发明奖、科技进步奖、科学技术普及奖各分为一等奖、二等奖、三等奖3个等级；为科学发现、技术发明、科技进步、科学技术普及做出特别重大贡献的，可以授予特等奖。

自然科学奖、技术发明奖、科技进步奖、科学技术普及奖每年授奖总数合计不超过300项。

第七条（科技功臣奖评定条件）

科技功臣奖授予下列科学技术工作者：

（一）在当代科学技术前沿取得重大突破或者在科学技术发展中有卓著贡献的；

（二）在科技创新、科技成果转化和高技术产业化中，创造巨大经济社会效益或者生态环境效益的。

科技功臣奖每年授予人数不超过2名。

第八条（青年科技杰出贡献奖评定条件）

青年科技杰出贡献奖授予提名当年1月1日未满45周岁，且符合下列条件之一的科学技术工作者：

（一）基础研究类：在自然科学基础研究方面取得重大科学发现的；

（二）技术开发与产业化类：在应用技术研究和产业化开发中取得重大发明创造或者关键技术突破，或者在科学技术普及中做出突出贡献的；

（三）企业创新创业类：在本市高新技术领域企业创新创业中做出突出贡献，并创造显著经济社会效益的。

青年科技杰出贡献奖每年授予人数不超过10名。

第九条（自然科学奖评定条件）

自然科学奖授予在基础研究和应用基础研究中阐明自然现象、特征和规律，做出重大科学发现的个人、组织。

前款所称重大科学发现，应当同时具备下列条件：

（一）前人尚未发现或者尚未阐明；

（二）具有重大科学价值；

（三）得到国内外科学界公认。

第十条（技术发明奖评定条件）

技术发明奖授予运用科学技术知识做出产品、工艺、材料、器件及其系统等重大技术发明的个人、组织。

前款所称重大技术发明，应当同时具备下列条件：

（一）前人尚未发明或者尚未公开；

（二）具有先进性、创造性、实用性和重大技术价值；

（三）经实施，创造了显著经济社会效益或者生态环境效益，且具有广泛的应用前景。

第十一条（科技进步奖评定条件）

科技进步奖授予完成和应用推广创新性科学技术成果，为推动科技进步和经济社会发展做出突出贡献的个人、组织。

前款所称创新性科学技术成果，应当同时具备下列条件：

（一）技术创新性突出，技术经济指标先进；

（二）经应用推广，经济社会效益或者生态环境效益显著；

（三）在推动行业科技进步、改善民生等方面有重大贡献。

第十二条（科学技术普及奖评定条件）

科学技术普及奖授予取得重大科普成果，为普及科学技术知识、倡导科学方法、传播科学思想、弘扬科学精神做出重要贡献的个人、组织。

前款所称重大科普成果，应当同时具备下列条件：

（一）形成了具有创新性和推广价值的表现形式、制作方法等；

（二）显著推动了前沿、热点或者其他重要科技领域的成果普及；

（三）有效提高了社会公众的科学文化素质，社会效益显著。

第十三条（国际科技合作奖评定条件）

国际科技合作奖授予对本市科学技术事业做出重要贡献的下列外国人或者外国组织：

（一）同本市的公民或者组织合作研究、开发，取得重大科学技术成果的；

（二）向本市的公民或者组织传授先进科学技术、培养人才，成效特别显著的；

（三）为促进本市与外国的国际科学技术交流与合作，做出重大贡献的。

第十四条（提名制度）

上海市科学技术奖实行提名制度，相关候选个人、组织（以下统称候选对象）由符合本市提名资格规定的企事业单位、社会团体、政府部门等单位和科学技术专家（以下统称提名者）提名。

上海市科学技术奖提名资格的具体条件，由市科学技术行政部门另行规定。

第十五条（提名者责任）

提名者在提名候选对象时，应当填写统一格式的提名书，提供真实、可靠的材料，并在答辩和异议处理等工作中承担相应责任。

第十六条（形式审查）

奖励办公室应当对候选对象提交材料的完整性和规范性等进行形式审查，并将形式审查情况报告评审委员会。

第十七条（初评和复评）

评审委员会应当按照相关规则组织评审专家对通过形式审查的候选对象进行初评，初步筛选出符合获奖条件的候选对象。

初评结束后,评审委员会应当根据学科、专业分类设置评审组,由评审组对通过初评的候选对象进行复评,提出各奖项获奖者和奖项等级的建议,形成复评结果。

第十八条(复评结果公示及异议处理)

奖励办公室应当向社会公示复评结果,公示期不少于30日。对于公示期内收到的异议,应当进行调查核实,必要时可以采用座谈会、听证会等方式,听取有关方面的意见。

奖励办公室应当在公示期结束后30日内,将异议处理结果答复提出异议的个人、组织,并将异议处理情况向评审委员会和监督委员会报告。

第十九条(终评)

评审委员会应当在复评结果公示及异议处理程序结束后,根据评审规则进行终评,提出最终授奖建议。

终评结束后,评审委员会应当将形式审查和初评情况、复评结果公示及异议处理情况、最终授奖建议向奖励委员会报告。

第二十条(监督委员会的监督)

监督委员会应当对上海市科学技术奖的提名、形式审查、初评、复评、终评等各个环节的评审活动进行监督,并形成监督工作报告,提交奖励委员会。

第二十一条(审定)

奖励委员会根据评审委员会和监督委员会的报告,对各获奖对象、等级进行审定。

第二十二条(颁奖与公布)

奖励委员会审定获奖对象、等级后,由市科学技术行政部门将审定结果报市人民政府批准。

市人民政府在《上海市人民政府公报》上公布获奖名单。对获得科技功臣奖、青年科技杰出贡献奖的个人颁发奖章、证书和奖金;对获得自然科学奖、技术发明奖、科技进步奖、科学技术普及奖的个人、组织颁发证书和奖金;对获得国际科技合作奖的个人、组织颁发奖章和证书。

第二十三条（宣传）

本市鼓励通过多种形式对获奖的个人、组织及其科学技术成果开展宣传，弘扬崇尚科学、鼓励创新的良好社会风尚，激发广大科技工作者和社会公众的创新热情。

第二十四条（奖励经费）

上海市科学技术奖的奖金数额由市科学技术行政部门会同市财政部门提出，报市人民政府批准。

上海市科学技术奖的奖励经费由市财政列支。

第二十五条（获奖者非法行为处理）

获奖者以剽窃、侵占他人的发现、发明或者其他科学技术成果，或者以其他不正当手段骗取上海市科学技术奖的，由市科学技术行政部门撤销奖励，追回奖金，并依法追究相应责任。

第二十六条（提名者非法行为处理）

提名者提供虚假数据、材料，协助他人骗取上海市科学技术奖的，由市科学技术行政部门予以通报批评；情节严重的，暂停或者取消其提名资格，并依法追究相应责任。

第二十七条（候选对象非法行为处理）

候选对象提供虚假数据、材料或者进行其他可能影响上海市科学技术奖提名和评审公正性活动的，由市科学技术行政部门予以通报批评，取消其参评资格，并依法追究相应责任。

其他个人、组织进行可能影响上海市科学技术奖提名和评审公正性活动的，由市科学技术行政部门予以通报批评；相关候选对象有责任的，取消相关候选对象的参评资格；涉嫌违反其他法律规定的，通报有关部门依法予以查处。

第二十八条（评审专家非法行为处理）

评审专家违反上海市科学技术奖评审工作纪律的，由市科学技术行政部门取消其评审专家资格，并依法追究相应责任。

第二十九条（信用管理）

对按照本规定第二十五条、第二十六条、第二十七条、第二十八条的规定受到处理的个人、组织,市科学技术行政部门应当依法将相关信息纳入本市公共信用信息目录。

第三十条(工作人员非法行为处理)

市科学技术行政部门及其工作人员在上海市科学技术奖工作中滥用职权、玩忽职守、徇私舞弊的,对直接负责的主管人员和其他直接责任人员给予处分,并依法追究相应责任。

其他参与上海市科学技术奖工作的人员在开展评审、监督和日常管理等活动中存在违法行为的,依法追究相应责任。

第三十一条(社会力量设奖)

本市鼓励社会力量设立科学技术奖项。

市科学技术行政部门应当对本市社会力量开展科技奖励活动进行指导、服务和监督。具体办法由市科学技术行政部门另行制定。

第三十二条(生效日期和废止事项)

本规定自2019年10月1日起施行。

2001年3月22日上海市人民政府发布,根据2007年1月11日上海市人民政府令第67号《上海市人民政府关于修改〈上海市科学技术奖励规定〉的决定》第1次修正,根据2012年12月7日上海市人民政府令第95号《上海市人民政府关于修改〈上海市科学技术奖励规定〉的决定》第2次修正的《上海市科学技术奖励规定》同时废止。

上海市五一劳动奖状（奖章）、工人先锋号评选管理办法

(2019年7月18日)

第一章 总 则

第一条 为进一步规范上海市五一劳动奖状（奖章）、工人先锋号评选管理工作，发挥表彰奖励的激励和引导作用，根据《中华人民共和国工会法》《中华人民共和国劳动法》《全国五一劳动奖状、全国五一劳动奖章、全国工人先锋号评选管理工作暂行办法》，结合上海工会实际，制定本办法。

第二条 上海市五一劳动奖状（奖章）、工人先锋号是上海市总工会设立的授予先进集体、先进职工的称号。

第三条 上海市五一劳动奖状（奖章）、工人先锋号的评选管理工作，以邓小平理论、"三个代表"重要思想、科学发展观、习近平新时代中国特色社会主义思想为指导，弘扬劳模精神、劳动精神和工匠精神，营造劳动光荣的社会风尚和精益求精的敬业风气，发挥广大职工在上海加快落实三项新的重大任务，加快建设"五个中心"，打响"四大品牌"中的主力军作用，争做新时代的奋斗者，为实现中华民族伟大复兴的中国梦贡献智慧和力量。

第二章 荣誉称号的授予

第四条 上海市五一劳动奖状授予在本市依法注册或登记的企业、事业、机关、社会组织及其他组织等法人单位，或不具备法人资格的中央相关单位下属的三级（含）以上单位、市属相关单位下属的二级（含）以上单位。上海市五一劳动奖章授予上述企业、事业、机关、社会组织及其他组织中的职工。上海市工人先锋号授予上述企业、事业、机关社会组织及其他组织中所属的车间、工段、班组、科室等。上述称号一般五年内不重复授予。

第五条 上海市五一劳动奖状、上海市工人先锋号的基本条件是：坚持以习近平新时代中国特色社会主义思想为指导，树牢"四个意识"坚定"四个自信"，坚决做到"两个维护"；严格遵守国家法律法规；经济、社会效益居本地区或本行业领先水平；组织健全，领导班子团结有力；科技进步，不断提高自主创新能力，为上海科创中心建设作出积极贡献；安全生产，监督管理机制健全；节能减排，注重保护生态环境；尊重劳动，保障职工合法权益；民主管理，劳动关系和谐稳定；诚实守信，自觉履行社会责任。

第六条 上海市五一劳动奖章的基本条件是：政治坚定，坚持以习近平新时代中国特色社会主义思想为指导，自觉在思想上政治上行动上同党中央保持高度一致，坚定不移听党话跟党走；爱岗敬业、勇于创新，在工作岗位上取得突出业绩，在本系统、本单位具有一定的先进性和示范性，有较高职工群众认可度；作风优良，具有高尚的社会公德、职业道德、家庭美德和个人品德，为全面建成小康社会、构建和谐社会做出突出贡献。

第七条 上海市五一劳动奖状（奖章）、工人先锋号的评选，按照公开、公平、公正的原则，严格评选程序，接受群众监督。

（一）上海市五一劳动奖状（奖章）、工人先锋号须经所在单位民主推荐、职工（代表）大会讨论通过产生。

（二）所有推荐对象应由区局（产业）工会审核，经同级党组织同意，报上海市总工会审定。被推荐对象均应经所在单位及社会两级公示。所在单位公示应包括推荐对象基本情况、先进事迹等内容。

（三）推荐对象非本区局（产业）工会的，需征得其所属区局（产业）工会及同级党组织同意并确认盖章。

（四）申报上海市五一劳动奖状的企业和上海市五一劳动奖章的企业负责人，须按隶属关系经区及以上发展改革、市场监督管理、劳动保障、环境保护等部门审查同意，国有或国有控股企业和企业负责人还需经过审计、纪检、监察等部门审查同意。被推荐人选是党政机关和社会团体领导干部的，须按干部管理权限，征得组织（人事）、纪检、监察部门同意。

（五）推荐申报上海市五一劳动奖状、上海市五一劳动奖章的，均需通过公共信息服务平台查询无负面信息。

（六）副局级或相当于副局级以上领导干部以及由中央、市委组织部、市级相关委办管理的企事业单位负责人，一般不参加评选。

（七）未组建工会，未建立职代会和集体合同制度，劳动关系不和谐的企业和企业负责人当年内不得申报上海市五一劳动奖状（奖章）。有发生安全生产事故、严重职业危害或群体性事件，拖欠职工工资，欠缴职工养老、工伤、医疗、失业、生育保险和住房公积金，能源消耗超标，环境污染严重等情形之一的企业和企业负责人自事发起三年内不得申报上海市五一劳动奖状（奖章）。

第八条　上海市五一劳动奖状（奖章）、工人先锋号分集中表彰、专项表彰和即时表彰。每年表彰总名额为上海市五一劳动奖状300个、上海市五一劳动奖章500名、上海市工人先锋号500个，其中集中表彰名额应占总数的70%。集中表彰的上海市五一劳动奖章获得者中，企业一线职工和专业技术人员不低于总数的55%，优先推荐知识型、技能型、创新型产业工人；机关事业单位的人选原则上不超过总数的35%；企业负责人和处级领导干部的比例，应严格控制在总数的10%之内；女性比例保持在25%左右；农民工占一定比例。非公企业和"两新"组织中的集体和职工应占一定比例。

（一）集中表彰。除劳模评选表彰年份外，上海市五一劳动奖状（奖章）、工人先锋号每年五一前集中评选表彰。

（二）专项表彰。对在围绕加快落实新三项重大任务，推动工会事业融入服务长三角一体化发展国家战略，加快推进"五个中心"和具有世界影响力的社会主义现代化大都市建设等中心大局工作，由市总工会组织开展或联合本市相关委办局组织开展的，以科创中心建设、长三角更高质量一体化发展等为主题的各种创新型和技能型劳动竞赛以及服务基层、服务职工，维护职工合法权益，促进社会主义和谐社会建设等工作中做出突出贡献的先进集体和职工，可专项授予上海市五一劳动奖状（奖章）、工人先锋号荣誉称号。

市总工会组织的或与有关委办局联合开展的项目以及由区局（产业）工会组织开展的专项竞赛或有关活动，应于年初集中上报工作计划，并经市总工会主席办公会议审议同意。

（三）即时表彰。对在国际国内有重大影响的事件中，国家和上海经济社会建设中以及抢险救灾等危急事件中作出重大贡献的，以及获得国际、国内重大奖项的先进集体和职工，可即时授予上海市五一劳动奖状（奖章）、工人先锋号。

对上海市人民政府授予烈士称号、或其他符合即时授予条件的已故个人，可追授上海市五一劳动奖章。

第三章 奖励和待遇

第九条 上海市五一劳动奖状（奖章）、工人先锋号的奖励，实行精神鼓励和物质奖励相结合，以精神鼓励为主的原则。上海市总工会对获奖的先进集体、先进个人颁发奖状、奖章和证书，对获得上海市五一劳动奖章的先进个人给予次性奖励。

第十条 对获得上海市五一劳动奖状、工人先锋号的先进集体，所在单位可以根据实际情况，由职工（代表）大会决定奖励办法，并纳入本单位的奖励序列。

第十一条 上海市五一劳动奖章获得者可优先参加工会组织的休养、考察等活动，活动期间享受出勤待遇。

第四章 管 理

第十二条 上海市五一劳动奖状（奖章）、工人先锋号的日常管理工作在上海市总工会指导下，由区局（产业）工会具体负责。主要任务是：

（一）建立管理制度，完善评选管理机制，制定和协调落实有关政策；

（二）广泛宣传上海市五一劳动奖状（奖章）、工人先锋号的先进事迹，让诚实劳动、勤勉工作蔚然成风；

（三）关心上海市五一劳动奖章获得者的思想、工作和生活，帮助他们

解决工作学习生活等方面困难,依法维护他们的合法权益;

(四)加强基础工作,建立健全管理档案,实行动态管理,做好信访接待和重要情况及时报告工作;

(五)做好与上海市五一劳动奖状(奖章)、工人先锋号有关的其他工作。

第五章 称号的撤销

第十三条 有下列情形之一者,撤销上海市五一劳动奖状、上海市工人先锋号称号,收回奖状或奖牌、证书。

(一)弄虚作假,骗取称号的;

(二)发生重大安全生产事故或严重职业危害的;

(三)发生群体性事件,造成恶劣影响的;

(四)拖欠职工工资,欠缴职工养老、工伤、医疗、失业生育保险和住房公积金等,拒不改正的;

(五)其他不宜保留称号的。

第十四条 有下列情形之一者,撤销上海市五一劳动奖章称号,收回证书、奖章,终止其享受的相关待遇。

(一)弄虚作假,骗取称号的;

(二)受到刑事处罚的;

(三)受到行政开除处分的;

(四)受到开除党籍或留党察看处分的;

(五)道德品质败坏、腐化堕落或有其他严重违法乱纪行为,造成恶劣影响的;

(六)非法离境的;

(七)其他不宜保留称号的。

第十五条 撤销上海市五一劳动奖状、上海市五一劳动奖章、上海市工人先锋号称号,依照评选审批程序,由其原推荐单位逐级上报,所在区局(产业)工会向市总工会提出书面报告,上海市总工会审核批准。

附　则

第十六条　本办法由上海市总工会负责解释。

第十七条　本办法自发布之日起施行。2015年10月印发的《上海市五一劳动奖状(奖章)、工人先锋号评选管理办法》(沪工总经〔2015〕218号)同时废止。

长宁区"虹桥友谊奖"评选表彰实施办法

(2020年3月2日区政府第123次常务会议讨论通过,长府办〔2020〕14号)

为服务上海国际化大都市发展,营造吸引和激发国际才智的良好环境,推进长宁区国际精品城区建设,鼓励和表彰对长宁经济建设、社会发展和促进对外交流与合作等方面作出突出贡献的外籍人士,开展"虹桥友谊奖"对外表彰工作,特制定本实施办法。

一、评选范围和条件

"虹桥友谊奖"选拔评选范围为:对华坚定、长期友好、享有良好社会声誉和公众形象,对上海市和长宁区经济建设、社会发展、对外交流与合作作出突出贡献的外籍人士。申报人选应具体符合以下条件之一:

1. 为长宁区开展对外友好交往、建立交流合作和友好城市关系作出突出贡献;

2. 促进长宁区经济建设,取得显著经济效益,或为本区开拓国内外市场,促进经贸活动,引进资金、设备、技术、人才作出突出贡献;

3. 积极向长宁区传授先进技术、先进管理经验,或为解决技术、管理等方面关键问题或填补重要领域空白,取得显著经济效益或社会效益;

4. 投身长宁区志愿服务、社会公益事业和慈善事业,取得良好社会效益;

5. 在教育、卫生、文化、科研等长宁区经济社会发展其他领域中作出突出贡献的外籍人士。

二、工 作 机 制

区委、区政府相关部门联合组成"长宁区对外表彰评审联席会议"(以下简称"评审联席会议"),负责"虹桥友谊奖"申报评选工作。评审联席会议下设办公室,办公室设在区政府外事办公室,负责对外表彰评审日常工作。

1. 评审联席会议由区政府办公室(外事办公室)负责召集,须在超过三分之二成员单位代表出席的情况下举行。

2. 评审联席会议成员单位由区委组织部、区委宣传部(文明办)、区政府办公室(外事办公室)、区发展改革委、商务委、科委、人力资源社会保障局、投促办(金融办)、地区办、临空办等部门组成。相关部门明确一位分管领导为成员代表。

3. 评审联席会议的职责和义务主要包括:

(1) 研究确定与"虹桥友谊奖"申报评选有关的重要事项;

(2) 对"虹桥友谊奖"的申报人选提出评审意见,以票决方式评选出获奖建议人选;

(3) 督促、检查申报评选工作,对评选活动的组织实施提出意见和建议;

(4) 对于申报人选有不适合申报奖项的情况,成员单位代表应向联席会议提出,由联席会议及时研究处理。

4. 评审联席会议成员单位应遵守评审纪律。为保证推荐评选的严肃性,评审联席会议成员单位须以书面形式反馈当年成员名单,因故缺席视为弃权;评审联席会议成员单位连续两次或两年内累计三次缺席会议的,视为自动放弃成员资格,其席位由其他单位申请递补;参与评审的相关人员应对推荐评选的内容、过程、有关考虑及相关情况予以保密,不得对外泄露。

三、申报评选程序

"虹桥友谊奖"每两年评选一次,每次评选10人左右。

1. 申报。原则上"虹桥友谊奖"与上海市"白玉兰"奖申报评选同步进行,2—3月启动申报,8—9月颁奖表彰。符合条件的外籍人士,由所在单位向主管部门(系统)或所在街道(镇)申报。

2. 受理。各主管部门(系统)根据推荐条件对申报单位提出的人选进行核实,对基本符合条件的予以受理。

3. 审核。评审联席会议办公室对各主管部门(系统)提交的申报材料进行初步审核,对符合条件的申报材料进行汇总整理。

4. 资格审查。评审联席会议办公室征求区公安、市场监督、税务、劳动监察等部门意见,在遵纪守法和诚实守信方面无不良记录的,进入评选环节。

5. 评选。评审联席会议成员单位代表审阅申报人事迹材料后,以无记名投票方式确定获奖建议人选。

6. 审定。评审联席会议办公室将获奖建议人选报区委书记专题会研究后,经区政府常务会议审定拟表彰人员名单。

7. 公示。拟表彰人员名单审定后,由评审联席会议办公室以适当方式向社会公示,广泛征求意见,接受社会监督。公示时间5个工作日。如公示过程中出现问题,由评审联席会议办公室负责了解调查并提出处理建议。

8. 颁奖表彰。评选结束后,举行颁授仪式。颁授仪式以长宁区人民政府名义举行,由区政府办公室(外事办公室)具体组织实施,并制作以长宁区人民政府署名的荣誉证书。

四、后续管理服务

1. 纳入上海市白玉兰奖蓄水池。将"虹桥友谊奖"获得者纳入上海市白玉兰奖申报储备人选,择优推荐申报上海市白玉兰奖,进一步提升获奖外籍人士的荣誉感、归属感和获得感,激励他们继续投身上海及长宁经济社会建设。(责任部门:区外事办)

2. 享受"长宁区高层次人才专窗"服务。"虹桥友谊奖"获得者将被纳入"虹桥人才荟"高层次专家人才信息库,可按规定享受高层次人才专窗服务。(责任部门:区人才办)

3. 享受外国高端人才"一卡通"服务。"虹桥友谊奖"获奖者可享受长宁区外国高端人才"一卡通"服务内容,在人才安居保障、子女就学、医疗保健以及金融、通信、交通、保险等领域享受便利化服务。(责任部门:区科委)

4. 发挥各类优秀外籍人才的咨询助力作用。鼓励"虹桥友谊奖"获得者参与社会公共事务,搭建与长宁区"虹桥友谊奖"、在长宁区的上海市"白玉兰奖"获奖者交流平台,充分发挥优秀外籍人才及其团队在本区政策制定、经济社会发展决策、重大工程立项、人才评价和推荐等方面的专家智囊团作用。(责任部门:区外事办)

5. 积极回应相关意见建议。定期征询并协调回应"虹桥友谊奖"获得者在其他方面的意见建议,营造良好国际才智环境。(责任部门:区人才办)

6. 营造良好舆论氛围。发挥各类新闻舆论载体作用,充分宣传外籍人士为本区经济社会发展所作出的突出贡献,深入挖掘"虹桥友谊奖"获得者的典型事迹,扩大社会影响,营造浓厚的舆论氛围。(责任部门:区新闻办)

后　　记

摆在读者面前的这本小书是在上海市哲学社会科学(以下简称"哲社")青年课题"改革开放以来上海市民荣誉制度的发展变迁研究"结项报告的基础上完成的。2018年6月，我从复旦大学政治学理论专业毕业后，8月13日正式入职华东政法大学政治学与公共管理学院(后更名为"政府管理学院")工作。巧合的是，当年的上海市哲社课题申报工作截止日期是8月底。当时的我刚毕业，博士论文是关于分离运动的，对此领域较为熟悉。然而，上海市哲社指南中并未有类似主题，其他政治学主题多偏向基层治理与城市发展等，我一时不知如何是好。在等待落户、办理入职期间，我有一次去找我的导师桑玉成教授，协助他处理国家社科重大项目的结项工作，就跟他提及了此事。他看了看我筛选过的申报指南后表示，为什么不做一个小众的题目呢？你没有基础别人也没有，在相对竞争中赢得。他给我圈定了"上海市民荣誉制度体系研究"的选题，为了增强可研性，我拟定了"改革开放以来上海市民荣誉制度的发展变迁研究"这样一个题目。

当我回去查阅资料时，我才发现，朱鸿召等27位市人大代表曾提出市民荣誉制度的相关议案，建议制定《上海市民荣誉制度条例》，主要是为了解决荣誉制度条块化、碎片化的弊端，实现市民荣誉制度的系统集成。2017年4月20日，上海市人民代表大会法制委员会对关于制定《上海市民荣誉制度条例》的议案(第12号)进行了答复，认为当时国务院正在起草制定《表彰奖励工作条例》，建议市政府有关部门密切关注国家立法动态，并结合本市实际，积极开展立法前期调研论证，待条件成熟后，适时启动地方性法规制定工作。我想，上海市哲社办安排这样的一个选题，应该是有契合上海市立法规划的考虑，老师叫我做这样的题目，他肯定意识到了契合上海发展所需的意思，而我其实意识是不足的。后来顺利拿到这个课题之后，我就思考如何去开展。初步拟定了相关的提纲，而现在成书的提纲基本还原了当时的设想。

在我完成报告、顺利结项后，在一次与多年来一直关照我的复旦大学发展研究院黄昊副院长的交流中，他提到了他们在做的一个关于国家发展动力的理论研究。作为他们的特邀研究员，我实际上贡献有限，甚为惭愧。得知他们在做这样的一个"国家发展动力论丛"后，我跟他提到了出版的事情，也算是对特邀研究员工作的一点付出。事实上，作为我的课题组成员，他对我的课题是较为熟悉的，课题与国家发展动力的契合程度也是了解的。确定可以从国家发展动力，或者说城市发展动力的角度切入研究之后，我就着手对结项成果进行了加工和处理。在联系出版的过程中，我因为工作调动，来到了同济大学政治与国际关系学院工作，因此本书出版，权当是华政孕育、同济结果吧。

做出这样几个时间点的说明，并不意在突出本书有多么重要，而是想说它的出版，更像是一个机缘巧合的事情。事实上，对这个主题进行关注之后，我也写过论文和文章，虽然发表较少，但却让我在电脑里留存了大量有意思的资料。比如，为什么同一个时期、同样的荣誉，各个省份的颁授机构却不一样？为什么看似同样的荣誉，却要"重复"颁发？为什么各个部门颁授的荣誉会出现井喷的现象？等等。类似的问题常常浮现，也许可以留待以后继续深究。

在书的送审编校过程中，我将最新的数据进行了更新，最新的法律法规进行了更新，以更加契合现在的情况。上海市人大、市政府在近几年的立法规划中也不再关注上海市民荣誉——或许是立法时机不到。在国家荣誉制度基本成熟定型之后，如何走出上海特色的市民荣誉之路，其中其实是大有可为的。

本书虽薄，但依然有很多人需要感谢，只是我并不想——列举了，我铭记于心。究其原因，恐怕是我并没有把这个工作做好。这本书稿并不是很成熟，只是一个简单的梳理。但是，我还是想对对本书出版有直接帮助的老师和朋友表示感谢，感谢为这本小书写序推荐的我的导师桑玉成教授，感谢将这本小书纳入丛书计划的复旦发展研究院黄昊副院长，感谢出版编校的上海社会科学院出版社王睿编辑。

特别想说一句的是，在本书定稿交给出版社的同时，我们家老二成为同济大学幼儿园托班的一分子，这意味着我们终于告别了2020年6月老大出生到2024年9月老二上托班的四年多时间里，每天白天在家带娃的日子，至少哥哥妹妹白天去过集体生活了，也算是迎来了短暂的"解放"。真诚感谢我爱人"5+2"和"白+黑"的付出，感谢我母亲一日三餐的供给。伟大真的是母亲的另一个表达。

我心中感恩所有关心、支持和帮助我的人。

2024年8月于同济大学衷和楼

图书在版编目(CIP)数据

改革开放以来上海市民荣誉制度的发展变迁研究 / 周光俊著. -- 上海：上海社会科学院出版社，2024.
ISBN 978-7-5520-4604-5

Ⅰ. D64

中国国家版本馆 CIP 数据核字第 2024Q1H603 号

改革开放以来上海市民荣誉制度的发展变迁研究

著　　者：周光俊
责任编辑：王　睿
封面设计：黄婧昉
出版发行：上海社会科学院出版社
　　　　　上海顺昌路 622 号　邮编 200025
　　　　　电话总机 021-63315947　销售热线 021-53063735
　　　　　https://cbs.sass.org.cn　E-mail：sassp@sassp.cn
排　　版：南京展望文化发展有限公司
印　　刷：上海新文印刷厂有限公司
开　　本：710 毫米×1010 毫米　1/16
印　　张：13
字　　数：200 千
版　　次：2024 年 12 月第 1 版　2024 年 12 月第 1 次印刷

ISBN 978-7-5520-4604-5/D・740　　　　定价：78.00 元

版权所有　翻印必究